文明薪火赖传承

儒家文化大众读本

儒家文化与中国古代教育

梁国典　主编　郭齐家　著

山东教育出版社

总序

改革开放以来，孔子、儒学、传统文化的研究经历了一个从拨乱反正到恢复正常再到日渐升温直至热潮的过程，中国孔子基金会应运而生，起到了组织、引导和推动的作用。最近几年，似乎出现了一热一冷的局面：关于孔子、儒学、传统文化的学术研究日趋繁荣，硕果累累，而大众化的普及工作却没有跟上，不少人对孔子、儒学有隔膜，对儒家文化说不出个子丑寅卯来。有鉴于此，中国孔子基金会在坚持继续推动学术研究的同时，下决心抓一抓普及工作，除了借助电视、动漫、网络、讲座、《论语》普及工程、经典诵读工程等多种形式宣传孔子、普及儒学以外，还专门组织编写了这套"儒家文化大众读本"丛书，目的在于向国内外读者介绍儒家文化的基本知识，加深读者对儒家文化的理解，弘扬儒家文化的优秀传统，建设当代中国人的精神家园。

儒家文化是以儒学为基础发展起来的文化，是中国传统社会的主流文化。儒学与儒家文化既有联系，又有区别。儒学主要是指儒家的思想、理论、学说，儒家文化则是儒学走向社会、化成天下、移风易俗而形成的包括制度、礼俗、观念等在内的社会文化。儒学是儒家文化的源头活水，儒家文化是儒学的浩瀚长流。儒学通常为知识分子所掌握，儒家文化则为全体社会成员所接受。儒家文化比儒学拥有更丰富的内涵、更广阔的覆盖面和更广大的人群。儒家文化在汉代逐步形成，两千多年来，一方面，儒家文化昂扬直上，远播海外，形成了包括中国、朝鲜半岛、日本列岛和中南半岛在内的巨大的儒家文化圈；另一方面，儒家文化又以其居于轴心的地位，宽容、平和、理性地对待其他形态的文化和外来文化，博采众长，融会创新，不但引领着中国文化的发展方向，而且造就了中国文化的博大气象，塑造了中国人民勤劳勇敢、崇教重文、守礼义、知廉耻的国民性格，培育了自强不息、厚德载物的民族精神。不了解儒家文化及其价值，就谈不上了解中国本土文化及其价值。因不了解而不珍惜，"抛却自家无尽藏，沿门托钵效贫儿"，是近百年来一再发生的文化虚无主义偏向。今天，我们要做的，是尽力摸清我们的文化"家底"，认识"自家无尽藏"的价值，充分利用本土文化资源，广泛吸收人类文化的优秀成果，综合创新，建设社会主义先进文化。

编撰"儒家文化大众读本"丛书，主要目的是向读者传播有关儒家文化的知识，让读者对儒家文化有一个基本的认知，了解儒家文化的优点和特点以及儒家文化在当代社会的价值。为此，我们着眼于儒家文化9个大的方面拟出选题。"儒家文化大众读本"丛书是关于儒家文化的普及性系列作品，要求作者是专家、大家；专家搞普及，大家写小书。我们通过向社会招标、专家推荐等形式在全国选出了13位作者，完成了9个选题：儒家文化与中国古代教育（郭齐家著）、儒家法文化（俞荣根著）、儒家生态文化（乔清举著）、儒家伦理文化（唐凯麟、陈仁仁著）、儒家孝悌文化（舒大刚著）、儒家政治文化（林存光、侯长安著）、儒家礼乐文化（丁鼎、郭善兵、薛立芳著）、儒商文化（戴斗勇著）、儒家文化与世界（施忠连著）。
这些著作都凝聚着作者在探索普及儒家文化方面花费的心思和
工夫。

编委会明确要求，"儒家文化大众读本"丛书是在学术研
究基础上的通俗性、普及性的介绍之作，富有经典性、文学性、
教育性。首先，作者对儒家文化有精深的研究，能够深入浅出
地予以表达，对某一专业做全面系统、客观忠实的说明和介绍，
重点写那些仍有现代价值的、有助于人们认识儒家文化的内容。
其次，在素材选择、主题提炼、行文风格上，都要融入现代意识，
力求与时代精神相契合。再次，要充分吸收已有的研究成果，
化用自己的文字予以表述，使用大众语言，舍去一些艰深聱牙
的言辞，不使用学术语言，多使用叙述性、描述性的语言，要
通俗易懂、活泼流畅、图文并茂、雅俗共赏。

其实，要写好一本大众普及读物是很不容易的。因为普及
读物不仅要求文字浅显、可读性强，而且要求有学术含量，要
体现学科前沿的研究成果，同时也彰显了作者的一种责任感和
使命感。当年朱光潜先生以"给青年的第十三封信"为副标题，
出版了美学佳作《谈美》。朱先生用通俗易懂的方式和明白晓
畅的语言，顺着美从哪里来、美是什么及美的特点这一脉络层
层展开，以一种对老朋友的语气娓娓道来，平易亲切，引人入胜，
从而净化了读者的心灵，"引读者由艺术走入人生，又将人生
纳入艺术之中"（朱自清语）。该书先后重印三十多次，成为
具有科学性、普及性的经典之作。大家学者的风范告诉我们，
一方面，大众读本不能写成艰深的学术著作，因为曲高和寡自

然应者寥寥，普及变成空谈；另一方面，大众读本又不能没有学术含量，因为没有学术含量就失去了普及的意义。我们希望，这套丛书不仅能为国内外热爱孔子、儒学和中国传统文化的读者提供一种对儒家文化的生动的、通俗的介绍，而且能为国内外读者提供一种对儒家文化的有深度的认识，使读者在获得儒家文化的具体知识的同时，可以感受到儒家文化的内在精神，感受到中华民族的伟大生命力、创造力和凝聚力。

在"儒家文化大众读本"丛书中，儒家的教育文化、法文化、生态文化、伦理文化、孝悌文化、政治文化、礼乐文化、商文化，都在作者的如椽大笔下娓娓道来。我们力求把对孔子及儒家的研究转向当下日常生活，从生活中体认儒家之道，使孔子思想飞入寻常百姓家；把儒家文化中有价值的东西发掘出来，提炼出来，把它讲清楚，注意发掘中国文化中具有价值的理念，将它变成每个中国人的自觉，还要把它变成世界性的东西。一本好的文化普及读物，应该在完成这个使命中发挥自己的作用。

《儒家文化大众读本》编委会

目录

导言

习近平总书记在中国共产党第十九次全国代表大会上的报告强调：“全党要更加自觉地增强道路自信、理论自信、制度自信、文化自信”，认为“文化自信是一个国家、一个民族发展中更基本、更深沉、更持久的力量”。

2013 年 8 月，习近平总书记在全国宣传思想工作会议上提出“四个讲清楚”：“宣传阐释中国特色，要讲清楚每个国家和民族的历史传统、文化积淀、基本国情不同，其发展道路必然有着自己的特色；讲清楚中华文化积淀着中华民族最深沉的精神追求，是中华民族生生不息、发展壮大的丰厚滋养；讲清楚中华优秀传统文化是中华民族的突出优势，是我们最深厚的文化软实力；讲清楚中国特色社会主义植根于中华文化沃土、反映中国人民意愿、适应中国和时代发展进步要求，有着深厚历史渊源和广泛现实基础。”

中国在几千年的发展过程中，创造了丰富灿烂的古代文化。中国古代文化是中华民族长期延续不断发展的精神支柱。在中国古代文化的教育思想、生活方式、处世风格、信仰形态中，儒家的和平、安宁成为主调，是这种文化的特色。儒家文化敬重“天地国亲师”，强调“仁义礼智信”，主张“温良恭俭让”，以仁为本，以和为贵，修己安人，既有深厚的历史感，又有亲切的道德感，可以陶冶现代人的性情，治疗现代人的心理疾病，是"天子以至于庶人"真正安身立命的精神支柱，是民族生生发展的不竭动力，是人之所以为人的根本依据。一个国家的发展不仅需要硬实力，更需要软实力。现实证明，科学技术可以从西方引进，但文化自信不可能从西方引进，中华民族的伟大复兴，离不开儒家文化的引领，我们要文化自信，就不能抛弃自己的文化传统而重新引进另一个民族和国家的价值观念，那是没有根的。我们当然要吸收其他的优秀文化，但你本民族的根扎得越深，你的吸收能力也就越强。尊德贵民的政治文化、孝悌亲和的伦理文化、文质彬彬的礼乐文化、远神近人的人本文化，儒家这些丰富的文化资源有助于中国特色社会主义及其核心价值体系的建构，有助于形成文化认同与伦理共识，有助于传承文化命脉与民族精神，有助于增长中华民族的凝聚力、向心力、软实力，在"新时代"的"新长征"征途中，凝聚起同心共筑"中国梦"的磅礴力量，在构建"人类命运共同体"过程中经受住形形色色困难的考验。

中国是世界上最重视教育的国家之一。中国古代教育不仅是丰富灿烂的中国文化的一部分，而且是中国文化所赖以延续和发展的基础。因为丰富灿烂的中国文化是靠古代教育一代一代传递下来的。从世界范围来看，中国源远流长的古代教育是相当独特并富有创造性的。无论是在教育制度上，还是在教育思想和教育的价值取向上，中国都提供了一整套不同于世界其他国家、其他民族、其他地区的独创性的东西，这些至今仍然具有不衰的魅力。

儒家教育有千年不衰的优秀传统，几乎就是中国古代教育的同义语。孔子聚徒三千，有教无类，开风气之先，奠定了儒学的基础。及至汉代，董仲舒罢黜百家，独尊儒术，首次确立了儒学的正统尊崇地位。隋唐科举取士，使儒家教育成为让社会中下层向上攀爬的阶梯。儒家教育与中国古代官学、私学、书院及考试制度的兴起、发展、演变存在着密切的关系，为儒家文化的绵延和传播储备了思想和人才。格物致知，读书求学，温故知新，学思并重，循序渐进，由博返约，启发诱导，因材施教，长善救失，教学相长，言传身教，尊师爱生……形成了一系列具有独特风格的知识教育与教学手段，形成了比较系统、比较深刻的知识论、教学论、教师论、自学深造与人才成长的理论。此外，在社会教育、家庭教育、子女教育、幼儿教育及艺术教育、科学技术教育等诸多方面，也积累了丰富的经验和教育理论。儒家教育突出了人文主义的精神，它以"做人"为教育的目的，提出了一种"做人"的道理、"做人"的要求、"做人"的方法，并从中得到"做人"的乐趣，表现出人的精神境界。它尤其重视道德教育和德性培养，注重气节、操守和崇高的精神境界，提倡发奋立志，强调道德责任感与历史使命感，弘扬那种孜孜不倦、临事不惧、不计成败利钝、不问安危荣辱、以天下为己任的精神气概与宽广胸怀，把个人担当的社会责任与个人道德的自我完成统一起来，逐渐形成了一个长远而深厚的教育传统，在官学、私学、书院以及社会教育、家庭教育和考试制度中逐一体现出来。正是这样的一个传统，在漫长的中国历史中，教育、感染、熏陶了一代又一代仁人志士，推动了中国社会的进步，促进了中华文化的繁荣，陶冶了我们民族的精神与智慧。所有这些都体现了儒家的理念，与儒家文化有紧密的联系，是地地道道的中国模式、中国气派、中国特色、中国学风。我们今天所谈的文化自信正是建立在对这些中国模式、中国气派、中国特色、中国学风的传承与弘扬之上。

习近平主席在"纪念孔子诞辰 2565 周年国际学术研讨会暨国际儒联第五届会员大会"开幕式中说："当代人类也面临着许多突出的难题，比如，贫富差距持续扩大，物欲追求奢华无度，个人主义恶性膨胀，社会诚信不断消减，伦理道德每况愈下，人与自然关系日趋紧张，等等。要解决这些难题，不仅需要运用人类今天发现和发展的智慧和力量，而且需要运用人类历史上积累和储存的智慧和力量。"现在人们有感于道德的滑坡，道德的沉沦。在当今商潮澎湃、人必曰利的氛围中，我们的儒家文化与传统道德面临着新的挑战，尤其是金钱至上、贪污、腐败的挑战。一个人，一个民族生活在世界上总是要有"家"可归的。然而工业化、商品化、现代化带给当代人的病痛就是精神上流落街头，无家可归。在钱权交易、升官发财、功名利禄、巧取豪夺的追逐中，人的心灵方寸之地，人的"良知良我"失去了心灵的归乡与故园。因此儒家文化与中国古代教育所讲求的人之所以为人之道，所提倡的精神境界和人格修养，所尊崇的气节操守和道义担当，所重申的做人原则和治世原则，所阐述的人生意义和人生价值，在今天不仅没有过时，而且还有普遍的价值和永恒的意义。

钱穆先生在《国史新论》中说："教育重在教人，但尤在其人之能自得其师。最高的教育理想，不专在教其人之所不知不能，更要乃在教其人之本所知、本所能。"这句话道出了中国古代教育的根本特色和光辉之处，在于启发人的内心自觉，唤醒人们沉睡的良知。中国历来以教育为立国之本，教育不应被片面地理解为科学技术知识的传递，还应强调道德理性和人文精神的重建。中国古代教育的终极目的是培育民族精神，淳化代代人风，提高人的心灵素质，帮助人们修养身心，达到一种真善美统一和谐的人格境界。西方的"工具理性"不能完全代替"价值理性"，不管现代社会科技、商业如何发达，不管我们从事的现代职业如何先进、精密，人性的培育，心灵境界的提升，人们从实然的人向应然的人的超越，总是不可替代的。这对于人类、国家与人的自身来说，都是生命攸关的大问题。因此，人类现代化事业的一个重要的建设层面是人性的培育、道德境界的提升。从长远的观点来看，应当把人的心性建设放到一定的高度。对人类心性的关怀，才是最根本的关怀。

传统和现代化是生生不断的"连续体"，背弃了传统的现代化和背向现代化的传统都是片面的。成功的现代化运动是一个双向运动的过程，传统因素相反相成，失败或不大成功的现代化则是一个单向运动的过程，现代因素简单摧毁传统因素，或被传统因素所摧毁，成功的现代化运动不但在善于克服传统因素对改革的阻力，尤其在善于利用传统因素作革新的动力。当前中国已经进入实现民族伟大复兴的新的历史时期，"立德树人"成为当代教育的根本任务，我们应从民族和世界发展的新趋势着眼，以科学的态度对待古代教育资源，整理挖掘有价值的文化要素，对古代教育进行创造性转化和创新性发展，固

6 　本培元，返本开新，为当代中国教育改革与发展寻求丰沛的动力与源泉。

郭齐家

儒家文化与中国古代私学

一、中国第一代知识分子和教师群出现

据《论语·微子》记载，原在周王室里的司礼、司乐的一批官吏，如大乐师挚跑到了齐国，二乐师干跑到了楚国，三乐师缭跑到了蔡国，四乐师缺跑到了秦国，打鼓的方叔流落到了黄河之滨，摇小鼓的武入居汉水之涯，少师阳和击磬的襄移居于海边。这些文化官吏由于失去了世袭的职守，流落于社会之后，便成了历史上第一批专靠出卖文化知识糊口的士。这时在邹鲁地区出现了一批"缙绅"先生，穿戴着峨冠博带，常在贵族交际酬酢以及举行冠、婚、丧、祭等礼仪时出面，他们熟悉"六艺"知识和各种礼仪，号称"师儒"，其中有些人逐渐带徒授业，转化为私学的教师。

春秋时期，社会生产力的发展，促进了奴隶制解体。封建私有制在奴隶制的母胎里发生发展，新兴地主阶级逐渐在各诸侯国取得政权。"学在官府"的垄断形式失去了原有的经济支柱和政治依据，造成了"天子失官，学在四夷"的局面。政治中心的转移也导致了文化教育中心的转移。原来周天子所管辖的文化典籍、礼器乐器，现在也就随之扩散到四面八方，这为私学的产生创造了条件。同时新兴地主阶级在政治上、经济上逐

渐增强，也在教育上要求打破原来"学在官府"——奴隶主贵族垄断文化教育的局面，迫切需要掌握文化、接受教育。所有这些都为私学的兴起提供了客观条件。

由于社会生产力的发展社会内部发生了新的分工，即体力劳动与脑力劳动的进一步分工，生产精神财富的单纯的脑力劳动者产生了，社会出现了"士"阶层。

周有八士图

"士"本来是贵族中的最低阶层，曾经受过一些奴隶社会的教育，通晓礼、乐、射、御、书、数——"六艺"，能文能武。战争的时候，充当下级军官；和平的时候，则充当贵族在政治上的助手。他们可以食田，职位也是世袭的。由于春秋时代的动荡，奴隶主贵族日趋没落，"士"失去了原有的地位和职守，其中一部分变成了一批靠着自己过去掌握的"六艺"知识来自谋生活的知识分子。周平王把国都由镐（今陕西省西安市西南）迁到洛邑（今河南省洛阳市）时，王宫里的一些文化官吏流落到各地。周王室又先后发生了多起争夺王位的事件。世代掌管周史的司马氏流落到晋国，以后又分散到卫、赵、秦诸国。还有一些文化官吏和百工，带着原来秘藏于宫廷的典籍、文物、礼器、乐器逃亡到四面八方，逃亡到民间，这就出现了"学术文化下移"的趋势。

士是一个新兴的有强大生命力的阶层，各诸侯国的执政者从巩固自己统治权力的需要出发，争先"招贤纳士"。士在行动上有较大的自由，成为统治者竞相争夺的对象，于是兴起了养士与用士之风。当时社会舆论已经用士的聚散来衡量一国政治的兴衰。西汉的东方朔在《答客难》中概括这一局面为"得士者强，失士者亡"。说明当时士的阶层虽然无权无势，却能以一个新生的力量纵横于天下。这表明"士"已经成为一种现实的社会力量，他们就是中国的第一代知识分子和第一代教师群。这也是私学产生的重要的历史条件。

春秋末期私学的兴起及战国时期的百家争鸣就是在这种历史条件下形成的。在这样的条件下，私学自当很快向各地发展。如郑国的邓析办私学，讲的是自著的《竹刑》，专门教人打官司"学讼"。郑国的伯丰子也和邓析同时开办私学。晋国的叔

诸子百家

向办私学也早于孔子。鲁国的少正卯和孔子同时办私学，传说少正卯的私学名声也很大，曾一度把孔子私学的学生吸引过去，出现过私学竞争的局面。到了春秋末期，私学日益兴盛，儒、墨两家的私学，成为当时的"显学"，即著名的私学。在这个潮流中，孔子起到了开辟道路的作用。

二、孔子首创儒家私学

孔子名丘字仲尼，鲁国陬邑（今山东省曲阜市东南）人。生于周灵王二十年、鲁襄公二十二年夏历八月二十七日（公元前551年9月28日），卒于周敬王四十一年、鲁哀公十六年夏历二月十一日（公元前479年3月4日）。

孔子开办私学，主张"有教无类"，即教育对象不分地区、不分年龄、不分贵族与平民，均可入学。

孔子

孔子是儒家私学的创始人。他大约在30岁时，在曲阜城北设学舍，开始私人讲学，后渐渐有了名声，弟子也越来越多，孔子私学成了规模很大的教学团体。孔子以前的教育是有"类"的，教育大权把持在少数贵族手里，那时叫"学在官府"。孔子的时代"天子失官，学在四夷"。所谓"有教无类"，即打破了"学在官府"的垄断局面，适应了"士"阶层的兴起及文化学术下移的历史潮流，反映了新兴地主阶级的要求。"有教无类"的实质，是要求将教育对象从贵族扩大到广大平民，扩大了学校教育的社会基础和人才的来源。把学校由"官府"移到民间，这是中国文化史上具有划时代意义的大事。

圣迹图

有人问孔子的学生子贡："夫子之门，何其杂也？"

子贡回答说："君子端正自己的品行待人，想来的人都不拒绝，想离去的人也不阻止。好医生的门前总是有很多病人求治，在矫正木头的器具旁边总是放着许多弯曲的木料，所以孔门弟子这么杂。"

据《史记》和其他有关史料记载，孔门弟子中，贵族家庭出身的，有孟懿子、南宫敬叔、司马牛等；贫贱家庭出身的，有原宪、颜路、颜渊、曾点、曾参、闵子骞、子张、仲弓等；商人出身的，有子贡等；还有"大盗"出身的颜涿聚等。孔子学生中贫贱者占多数。孔子的学生来自各诸侯国和各种族。除鲁国外，还有来自卫、齐、晋、陈、宋、吴、楚、秦等国的。从种族看，属于华夏族的学生占多数；属于蛮夷族的，有公孙龙、任不齐、秦商、言偃等；属于戎狄族的，有秦祖、壤驷赤等。这对于各诸侯国和各种族文化的交流沟通是起了积极作用的。因此，孔门弟子，身份是很"杂"的。

孔子到卫国去，他的学生冉有替他驾车。

孔子说："好稠密的人口呀！"

冉有道："人口已经很多了，再该怎么办呢？"

孔子说："使他们富裕起来。"

冉有再问："富裕之后又该怎么办呢？"

孔子说："教育他们。"

孔子把人口、财富、教育当成"立国"的三个要素。孔子初步意识到文化教育是受经济条件制约的，只有经济发展了，文化教育才有可能发展。任何一个国家、民族、社会走向兴旺发达就必须具备三个条件：人口兴旺、经济富裕、教育发达。这已成为一个带普遍性的真理。

孔子私学的教育目的是培养德才兼备的从政人才，即所谓的"学而优则仕"。"学而优则仕"的"优"原意为"饶也、宽也、裕也"，即"有余力"的意思。这句话是说："学习了，有余力便去做官。"所谓"有余力"即有时间、有条件、从容不迫地去学习，引申意为学得较宽些、深些、好些再去做官。"学而优则仕"包含着这样的意思，即不学习或虽学习而不优，就没有资格做官。这对于西周时代的世袭世禄制度来说，是一个大批判、大进步。因为在西周，做官的资格是由世袭法获得的。当时在选用人才方面存在着大量"不学而仕""仕而不学"或"学而不优"等现象。贵族子弟在进学校之前，已经是当然的候补官吏了，当时不存在"学而优则仕"的要求，他们进学校学习不过是学一点与自己的贵族身份相称的知识而已。

孔子私学主张培养"士"，而"士"的标准就是"君子"或"君子儒"。孔子要求"君子"要"修己以敬"（修养自身，保持恭敬谦逊的态度），"修己以安人"（修养自身，使一般人安乐），"修己以安百姓"（修养自身，使老百姓都得到安乐）。这就是说，"君子"要注重自身的道德修养，要有"德"；"君子"还要使一般人、老百姓都得到安乐，还要有"才"，要有治国安民之术。德才兼备，而以德为主。

所谓"修己"，讲的是"德"，孔子尤注重把握"仁者爱人"的忠恕之道。用肯定的方式说，便是"己欲立而立人，己欲达而达人"，也就是自己要站得住脚，也要设法让别人站得住脚；自己要事事行得通，也要设法让别人事事行得通。这就是关心人，帮助人，认真为社会做事，"尽己为忠"，尽自己的力量为社会为人群服务。用否定的方式说，便是"己所不欲，勿施于人"，自己不喜欢的事，不要强加在别人身上，也就是宽待人，体谅人，尊重人，不损害人，这便是"推己及人为恕"。假如你不能自觉帮助他人，至少你不要有意去损害他人。这个"他人"，既指个人，也指群体，包括家庭、社团、民族、国家、人类。道德行为都是相互的，普遍伦理必须普遍适用，忠恕之道便是可以普遍适用的道德原则。而且恕道比忠道更具有基础性和普遍性，是人类社会维持正常秩序的起码原则。

联合国大厦中写有"己所不欲，勿施于人"的壁画

　　法国 1793 年宪法所附《人权和公民权宣言》以及法国 1795 年宪法所附《人和公民的权利和义务宣言》都写入了孔子的名言"己所不欲，勿施于人"，分别定义为自由的道德界限和公民义务的原则。

　　1993 年在美国芝加哥召开的世界宗教议会大会所通过的《全球伦理普世宣言》也把孔子的"己所不欲，勿施于人"作为"人类伦理的底线"和"黄金规则"而加以肯定。现在联合国大厦里还塑有孔子"己所不欲，勿施于人"几个大字。

　　所谓"安人"，讲的是"才"，孔子强调君子应具有一定的才干和从政之能力，能治"千乘之国"，能长"千室之邑"，"使

于四方，不辱君命"。据《论语》载，季康子想在孔子三个学
生中挑选人才，孔子告诉季康子"子路果断""子贡通达""冉
求多才多艺"，这三个学生均可在政位上独当一面。孟武伯曾
问孔子其弟子情况，孔子告诉他："子路这个人，如果有一千
辆兵车的国家，可以叫他负责兵役和军政工作；冉求呀，千户
人口的县份，可叫他当县长，百辆兵车的大夫封地，可以让他
当总管；公西赤穿着礼服，立于朝廷之中，可以让他接待外宾，
办理外交事宜。"

圣迹图，孔子"虽有文事，必有武备"

孔子还说，君子应有"智、仁、勇"三方面的修养，认为君
子是有仁德的人，不会忧虑；君子是有智慧的人，不会迷惑；
君子是有勇气的人，不会畏惧。此外，孔子还注意美育陶冶，
他提出君子要追求"尽善尽美"。"美"指声音，就艺术形式而
言；"善"指内容，就艺术实质而言；文采和朴实，内容和形式，
配合适当，君子应追求"文质彬彬"，这才是君子之修养。

由此可见，孔子私学是中国教育史上第一次提出培养目

标——"君子"应在"仁"（德）、"知"（智）、"勇"（体）、"美"（乐）、"才"等几个方面都得到全面修养和发展的教育理念。这是很有意义的。

孔子私学继承了西周"六艺"（礼、乐、射、御、书、数）教育的传统，教育学生广泛地学习"六艺"的知识技能。由于孔子私学的培养目标是"君子"，对"君子"在德才两方面都有严格的要求，所以在教育内容方面，与西周"六艺"相较，呈现出广泛而深刻的特点。孔子在他40多年的私学生涯中，把所搜集的历史文化资料，精心加以整理，编著成教学用书，被后世奉为儒家经典。历代相传的"六经"，基本上是经过孔子开创的儒家私学不断整理、补充而流传下来的。"六经"中保存了中国古代重要的历史、文学、哲学、政治、经济、文化、教育、科技等宝贵的文献资料。

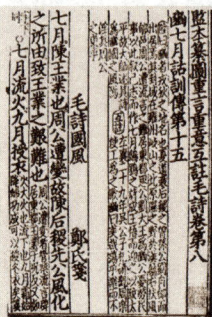

《诗经》书影

① **诗经** 西周以来的诗歌，传说古诗抄本有三千多篇，孔子对此做过搜集、整理、校勘工作，存留三百多篇。作品大概是从西周初到春秋中叶，分为三类：一为"风"（即民歌），二为"雅"（即宫廷之乐），三为"颂"（即宗庙之乐）。孔子说：《诗》

三百余首，用一句话来概括，是"思无邪"，其思想内容都合于"周礼"的准则。孔子很重视《诗》的教育作用，他说："不学诗，无以言。"即通过学《诗》，掌握言语，培养语感。诗具有形象思维的特点，孔子已注意到这个特点，他说：《诗》"可以兴"，即诗有比喻联想、托物寄兴的特点，容易培养青少年学生的联想力，以激发其道德情感；《诗》"可以观"，即通过学《诗》，可以观察到社会习俗的盛衰，以培养青少年学生的观察力；《诗》"可以群"，即通过学《诗》，来引起情感上的共鸣，以培养学生的合群性，增进其相互情谊；《诗》"可以怨"，即通过学《诗》，运用讽刺的形式，批评政治得失，以培养学生学习和运用讽刺方法。归结起来，学习《诗》，可以教育学生懂得孝顺父母、尊重长上的伦常道德，培养忠孝的道德情操，此外还可以学习一点自然常识，诸如"鸟兽草木之名"。

《尚书》书影

　② **书经**　孔子私学将春秋以前的历代官方的政治历史文献汇编成《书》（又称《尚书》）。孔子说，如果按《书》的原则去做，这种政治制度就会复兴，不按《书》的原则去做，这种政治制度就会灭亡。由此可见《书》保存了夏、商、西周的国家统治、管理经验，这也是孔子私学编辑和传授《书》的指导思想。

③ **礼经**　指周礼。西周就是用"礼"规定贵族宗法等级世袭制度、道德规范和相应的仪节。孔子私学是重视"礼"教的，认为"为国以礼""不学礼，无以立"。孔子认为立国要以礼制为核心，建立新的社会秩序。礼是治理国家、安定社稷，使百姓有序、使后代有利的工具。青少年学生如果不学礼，将来进入社会就会失去其基础与根据。所以礼同时又是立身之本和区分人格高低的标准。孔子强调"礼"必须以"仁爱"的思想情感为基础，离开了"仁"，"礼"就没有意义了，因此主张达到"礼"和"仁"的统一。所谓"仁"，是孔子提出的处理人与人之间关系的一种精神，"仁者爱人""忠恕之道""推己及人"，对人要讲忠、信、恭、敬、宽、惠，这样便于调节人与人之间的关系，使之和谐相处。孔子主张把"仁"的精神贯注到"周礼"之中去，"周礼"经过"仁"的充实才可发挥"和为贵"的作用。

《礼仪》书影

孔子私学提出"礼之用，和为贵""君子和而不同，小人同而不和"的思想教育学生，其实质就是提倡"和谐"精神、"宽容"精神、"协调"精神。"和"与"同"指的是两种不同的为人风格。君子用自己正确的意见来纠正别人的错误意见，使一切都做到恰到好处，却不肯盲目附和，小人只是盲目附和，却不肯表示自己的不同意见。"和"在这里指的就是多样性的统一，其宽容、平和、兼收并蓄、博大恢弘的精神仍有现实意义。

此外，孔子还提出了一个"正名"思想，其实质在于呼吁社会权威。可以推想，当时正值春秋末期，社会动荡不安，人心浮动，谁都不怕谁，谁说了也不算，没有权威性。所以孔子就大讲"君君、臣臣、父父、子子"。君要在君的位置，像君的样子；臣要在臣的位置，像臣的样子；父要在父的位置，像父的样子；子要在子的位置，像子的样子。安伦尽分，各司其职，都要尽到自己的本分责任，恢复正常的社会秩序。其目的在于维护必要的权威意识，这个思想还是很有价值的。因为当时社会正处于新旧权威相互转化时期，要注意防止权威领域出现空白，否则社会失控是难以避免的。

清人汪烜的《乐经律吕通解》

④ **乐经** "乐"即音乐。"乐"与"诗"相连，分别来说，"乐"谓乐曲，"诗"谓歌词，合而言之，"乐"也包含"诗"。"乐"与"礼"相配合，进行政治道德伦理教育，其作用在于陶冶情操。礼是制度、规范、礼节，所以修外；乐是诗、歌、舞三种文化总汇，

所以修内；礼是外施，乐是内感；礼是别异，乐是和同，礼是主中，乐是主和；礼是主静，乐是主动；礼是司平衡，乐是司协调。二者巧妙配合，相辅相成。

周谷城先生是当代著名历史学家，在《周谷城历史论文选集》中有一篇《礼乐新解》，他说："礼与乐，是中国传统文化中最突出的一条。简而言之，即由矛盾对立到矛盾统一。"他说："礼"即斗，斗即拿东西去供神，即成礼，后引申为客观事物的规律和人类行为的纪律。人类根据客观的规律，遵循行为的纪律，努力奋斗，获得成果和一定的快乐。"乐"即乐器，引申为快乐，音乐、乐器之意兼而有之。就纪律而言，"礼"完全属于斗争过程，就快乐这个意义而言，"乐"完全属于斗争成果。"礼"偏于客观规律方面，"乐"则侧重于主观方面。在中国文化中，"礼乐"始终相连并举，其中奥秘就是，矛盾对立到矛盾统一。总先有对立，才有解决；总先有差别境界，然后才有无差别境界。我们当前的文化研究，也不能一刻没有"礼乐"，礼的教育，做到物欲相持而长；乐的教育，做到能奋至德之光，那便是最合理想的了。周谷老的分析是何等深刻到位！

孔子说，一个人的修养应该从学"诗"开始，以激发情感和意志；进而学"礼"以约束其言行，再学"乐"，以形成其性格。这就是他所说的"兴于诗，立于礼，成于乐"。孔子不仅是音乐爱好者，很可能十分内行。他与别人一起唱歌，如果别人唱得好听，他一定要求别人再唱一遍，然后跟着别人再唱一遍。孔子在齐国听到舜时的"韶"乐时，使他"三月不知肉味"，说明他整个身心长时间地沉醉在"韶"乐里。他评价"韶"是"尽美矣，又尽善矣"，评价周武王时的"武"乐是"尽美矣，未尽善也"。他提出了文艺的两条标准：一是政治道德标准，称之为"善"；一是艺术标准，称之为"美"。在这两条标准中，"善"是首要的，"美"是第二位的。他主张"尽善尽美"，即政治道德标准与艺术标准完美的和谐与统一。这对形成中国古代的艺术传统和美育传统是有重大影响的。中国古代艺术和美育传统注重朴素、淡雅、天真、含蓄、讲分寸，"乐而不淫，哀而不伤"，喜而不露，怒而不纵，含而不贫，勇而不莽，尽善尽美，文质彬彬。中国古代的文学艺术和美育传统，就像中华民族的性格一样：既热烈又恬静，既深刻又朴素，既温柔又高雅，既微妙又直率，成为中国古代传统文化中的精华，对中国人的教育和感染是深厚的。

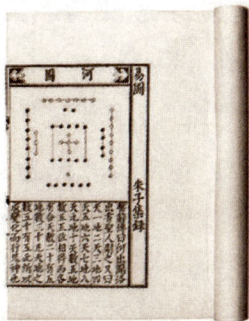

《周易》书影

⑤ **易经** 也叫《周易》，大概形成于殷周之际，包括六十四卦及其卦辞、爻辞。它本是一部推究阴阳变化、预卜吉凶祸福的占卦书，但书中吸收了当时自然科学如古天文学、古气象学、古代数学的成就，以及在社会生活中经常接触到的复杂现象，并且对这些现象又力图作种种解释和说明，因此它就不仅是一部宗教迷信书，其中也包含着丰富的哲理。孔子很重

视《易经》，他读《易》，不厌反复，曾把串联《易》竹简的皮绳磨断过三次，晚年他说过："让我多活几年吧！到50岁时去学习《易经》，便可以没有大过错了！"他不仅自己喜读《易》，而且还作为经典传授给他的学生，成为孔子私学的主要课程和教材。《易传》是对《易经》的解释，大体上是战国末年形成的，不是一人一时完成的，更不是孔子一人写的，他和学生们对《传》的部分作过某些添补，那完全是可能的。《象传》曰："天行健，君子以自强不息；地势坤，君子以厚德载物。"这两句话是中华民族精神的体现。清华大学以此作为校训。《易经》被儒家尊为六经之首，对中国古代的哲学、史学、文学、宗教及天文、绘画、历法、地理、数学、医学的发展产生了极其重要的影响。

自17世纪以来，《易经》被译成英、法、德、日等多国文字，黑格尔和马克思都在自己的著作中谈到《易经》。丹麦著名物理学家波尔从《易经》中找到了他创立的"互补原理"的形象表达。美国、日本等国也有人把《易经》运用于现代决策和管理。《易经》的国际地位和影响，可以借用一位欧洲思想家的话来概括："谈到世界人类唯一的智慧宝典，首推中国《易经》。在科学方面，我们所得出的定律常常是短命的，或被后来的事实所推翻，唯独中国的《易经》，亘古常新，相距六千年之久，依然具有价值，且与最新的原子物理学颇多相同之处。"

⑥ **春秋** 《春秋》本是鲁国的一部编年史，因为它是按年来编写的，所以就取一年四季中的春秋两字来命名，曰"春秋"。孔子对这部书是加工过的，作过一次修订，并把它用作孔子私学的历史教材。这部史书虽有明确的年月记载，但文字过简，

记载的史实仅只是一个大纲或提要，事实的原委记载很不详细。于是后来就有人给它将史实进行补充叙述和评论。这些叙述和评论就叫"传"。给《春秋》作过"传"的共有三家：战国时齐国人公羊高作的叫《春秋公羊传》，春秋末鲁国人左丘明作的叫《春秋左氏传》，还有一位鲁国人谷梁赤作的叫《春秋谷梁传》。这三部书开始是以口授的形式，一代一代相传下来。

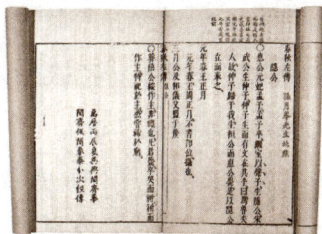

《春秋左传》书影

《左传》是一部优秀的史学和文学名著，它不仅史料翔实，内容丰富，整个思想倾向性是进步的，如宣扬爱民的民本思想，而且从文学角度看，它又极富艺术特色，不愧为优秀的历史散文佳作。《公羊传》是一部"微言大义"的政治哲学著作，结合春秋历史讨论经学，如它提出"异内外"的理论，强调《春秋》注重华夷之别，要求"尊王攘夷"。《公羊传》认为华夷之别不在于种族而在于文化，尤其在于伦理道德。例如鲁宣公十二年，晋楚两国在邲（bì 必）交战，《春秋》的记载褒扬了楚国而贬低了晋国，《公羊传》认为这是因为原是夷狄的楚接受中原文化转为了华夏，而本属中国的晋背离了中原文化却变成夷狄了。《春秋谷梁传》是一部礼义教化的历史经学著作，十分重视礼制的教育，礼的观念被提到了突出的地位，对非礼的行为进行批评、讥刺。

六经——《诗》《书》《礼》《乐》《易》《春秋》，代表了春秋时期以前的文化知识的一切领域，作为历史资料，是有价值的。清代学者章学诚说"六经皆史"，就是从史料价值上肯定了孔子私学传授六经的历史作用。

六经是孔子私学的主要课程，有人说，《诗》相当于文学课，《书》相当于政治课，《礼》相当于道德伦理课，《乐》相当于音乐、艺术、美育课，《易》相当于哲理课，《春秋》相当于历史课。这都属于中华民族的精神结晶、中华民族的精神文化遗产，对培育青少年学生人文素养是不可缺少的。

六经对于中国古代文化的影响是深刻的。中国是礼仪之邦，中国人是注重遵守社会公德的，守规矩，讲礼节，这是受《礼》的影响；中国人是开朗、乐观的，琴棋书画，吹拉弹唱，诗词歌赋，爱好广博，这是受《诗》与《乐》的影响；中国人的性格是多方面、多层次的，关心政治，酷爱历史，追求哲理，这是受《书》《易》《春秋》的影响。

孔子私学教育内容中有丰厚的人文历史文化，但对神灵崇拜作淡化处理，甚至声明"未能事人，焉能事鬼""未知生，焉知死"，实际上是把超自然的信仰放到了现实人事的从属地位。与西方强调上帝，承认"真理是由一个高高在上、超人的神所启示给人的"不同，孔子主张人有一种刚健自强、生生不已的主体精神，能够开拓创新、穷通变易。人效法天地、德配天地、宏大天性，就是要发扬这种创造性的生命精神，全面发挥人的禀赋与潜能，肯定人的创造可以与天地的创造相配合、相媲美，"与天地精神相往来"。这也体现了人对宇宙的一种根源感。

儒家的"天道""地道""人道"思想,"天""地""人"三才的思想,都是讲创造性的生命精神贯注于天上、地下、人间。人可以与天地相协调、相鼎立,并以平等精神体察宇宙间一切存在的价值,通过"正德,利用,厚生""立德,立功,立言""苟日新,日日新,又日新""天行健,君子以自强不息;地势坤,君子以厚德载物",在实际行动中实现人生的价值与意义,完成其生命理想。这对于当代教育改革,对于提高我们民族的整体素质,特别是年轻一代具有正确的宇宙观、人生观、价值观是有重大借鉴与启发意义的。

孔子的教育是博雅教育,既包含今天的技术教育、知识教育,又包含艺术教育、身体教育与生命教育等德智体美诸方面。

① 其内核是成德之教。是如何使人成为全面发展的人,尤其是道德的人,孔门四科——德行、言语、政事、文学,以德行为先,以人格修养为主。

② 其目的是培养君子。"士希贤,贤希圣,圣希天",注重君子人格的养成,成为生命的高度自觉者。

③ 其方法是用礼乐六艺浸润身心。即通过礼教、乐教、诗教等养心修身,以自我教育与调节性情为主。人不是行尸走肉,人活着,要活得有尊严,有格调,有价值,有意义,孔子很看重个体人的生存品味与生命品质,很重视人文的熏陶与教化。因此,孔子的教育很讲究涵泳,就是身临其境、深入其中的真切体会,在兴趣的培养中,让人受到熏陶和感悟,使人养成乐善好施、敦厚优雅的品行。

④ 其功能在于改善政治与风俗。"建国君民,教学为先""化

民成俗，其必由学"，优游、涵养、陶冶于礼乐教化之中，通过诗教、礼教、乐教等来培养社会精英，也通过他们影响、诱导、提升民间百姓生活的品味。

⑤ 其特点是安身立命。以真诚对真诚，以生命对生命，儒学是生命的学问，也是学问的生命，重视知行合一、身心合一、内外合一。

孔子一生"学而不厌，诲人不倦"，在其私学教学中，创造出了以培养自觉性为中心的因材施教的教学方法。其要点是：

① 注意个性差异。孔子认为人们的性情本是相近的，只因为后天习染的不同，便渐渐地相差很远了。他说的"性"，是人们先天的本性，先天的素质；他说的"习"，是指后天环境教育的影响。孔子认为人的天赋素质并没有什么根本差别，不论贫富贵贱，人生来就应该是大体平等的，没有贵贱、智愚、贤、不肖之分，这是中国式的最古老的天赋平等的人性论。同时他也意识到人的个别差异问题，这种个别差异主要是由于人们的环境习染各不相同之故，是后天作用于先天的结果，不完全是先天命定的。孔子经常通过观察、问答等方式了解学生智能性格的差异，孔子即根据不同的个性特点进行有针对性的教学。他不用千篇一律的说教，往往不同学生问同样的问题，而他的回答却不一样。如学生子路问孔子："听到一个道理就马上去实行吗？"孔子说："有父兄在，怎么能听到了不去请示父兄就马上去实行呢？"另一学生冉求也问同一问题，孔子却说："对，你应该马上去实行。"别的学生不理解孔子对同一问题却有两种不同的回答。孔子解释说："冉求性格内向，行为退缩，所以

我鼓励他勇敢大胆；子路一向胆大好胜，所以我要他格外谨慎请示父兄。"

② 善于启发诱导。孔子因材施教的基本方法是启发诱导。他说："不愤不启，不悱不发，举一隅不以三隅反，则不复也。""启发"一词由此而来，"举一反三"成语亦由此而来。"愤"，心求通而未得之意；"悱"，口欲言而未能之貌。意思是说，教导学生，不到学生想求明白而不得的时候不去开导他，不到学生想说而说不出的时候不去启发他。比如一个四方的东西，已经对学生讲明了一个角，如果这个学生还不能据此推知其余三个角时，那就不必再讲了。因为这说明他没有主动积极地去思考，仅靠教师灌输是没有意义的。这就要求在教学过程中掌握学生的心理状态，务使教学内容与方法适合学生的接受水平和心理准备条件，以充分调动学生学习的主动性和求知欲。无独有偶，孔子死后十年，古希腊诞生了著名思想家、教育家苏格拉底（公元前469—前399年）。在教育上，他和孔子一样实行"有教无类"，一样实行启发诱导。他的启发诱导叫"问答法"或"助产术"。其特点是不将现成的知识结论硬性灌输或强加于学生，而是与学生共同讨论，通过不断提问诱导学生认识并自己承认认知有误，最后自然而然地得到正确的结论。这种方法遵循从具体到抽象、从个别到一般、从已知到未知的规则，为后世的教学法所吸取。这是东西文化遥相呼应的一个有趣事例。

③ 学习与思考结合。孔子认为"学而不思则罔（wǎng 往），思而不学则殆（dài 怠）"：只读书而不思考，就容易上当受骗；只思考而不读书，问题仍疑惑不解。这种看法已经接触到感性

认识与理性认识的辩证关系。孔子强调获取知识必须多闻、多见、多问，同时要求对学习的内容一定要经过思考，融会贯通，辨明是非，择善而从，由博返约，温故知新，才能闻一以知十，举一以反三。孔子还认为思考的主动性具体表现在碰到问题就问"怎么办""为什么"，这就意味着学生在动脑筋思考问题。孔子说："对于一个遇事不问'怎么办'或'为什么'的人，我也不知道该怎么办了。"孔子还要求思考问题要抱虚心求是的态度，"知之为知之，不知为不知"：知道就是知道，不要说不知道；不知道就是不知道，不假装知道。这才是对待"知"或"不知"的正确态度。孔子杜绝了四种毛病，即不凭空猜测，不绝对肯定，不拘泥固执，不自以为是。对尚未明白的问题，暂时存疑，以待今后进一步探讨，认为这样才有可能获得真知。

④ 学习与行动结合。孔子要求学以致用，学习所得必须见于行动，即把知识运用到政治生活和道德实践中去。起初，他过分相信学生表态性的话，认为学生说的话都会实际去做的，于是"听其言而信其行"。后来，他发现学生言行脱节以后，才对学生提出了言行一致的要求："听其言而观其行"。他讨厌学生讲假话、讲空话、讲大话，认为言过其行是可耻的。孔子提出"行己有耻"，意即保持羞耻之心，自觉地不去做任何自取其辱的事，羞于为非，人格上就没有污点。就道德修养来说，根本的要求是"迁善改过"。他说，学习是为了提高自己的知识和道德修养，而不是用作装饰给别人看。孔子认为品德没有培养，学问不去探研，听到道

陈大中篆刻
"行己有耻"

义在那里却不能以身赴之去实行，自己有缺点又不能立即改正，这些都是值得忧虑的呀！他深信人的智慧和道德都是在不断克服缺点和错误的过程中形成和发展的。

在孔子私学的教育思想中，教师占有特殊位置。陶冶学生的品德，教导他们的知识，培养他们的才能，发展他们的专长等等，都是教师的重大职责。孔子根据他自己教育实践的经验，对教师提出了严格的要求：

①"以身作则，言传身教。"孔子说："其身正，不令而行；其身不正，虽令不从。"孔子认为教师的道德行为和作风正派，就是不发命令，学生也会执行；如果教师的道德行为和作风不正派，就是发命令，学生也不听从。"不能正其身，如正人何？"如果自身不端正，又怎么能端正别人呢？教师是学生的榜样，教师的一言一行，都会直接影响到学生的健康成长。孔子还要求把"有言之教"和"无言之教"结合起来。"有言之教"在于说理，以提高学生的认识；"无言之教"在于示范，通过暗示、榜样去影响学生，潜移默化。在处理二者关系方面，孔子强调的是身教，强调教师要以自己合乎规范的道德行为为学生做出榜样。教师提倡要学生做的，自己必须先做；不让学生做的，自己首先不做。教师所说和所做的一致，证明所说的是正确的，所做的是合理的。这样，教师才能在学生心目中树立威信，教师才能发挥其榜样的作用。

②"学而不厌，诲人不倦。"孔子认为教师对自己要努力学习，永不满足；对待学生要勤奋教导，不知疲倦。孔子说："若圣与仁，则吾岂敢！抑为之不厌，诲人不倦，则可谓云尔已矣。"如

果说到圣与仁，我不敢当，只不过是学习从不厌倦，教诲学生总不知疲倦。孔子的学生子贡称赞道："学不厌，智也；教不倦，仁也。仁且智，夫子既圣矣。"学习永不满足，这是智；教人不怕疲倦，这是仁。既仁且智，老师已经是圣人了！

③"爱护学生，无私无隐。"爱护学生、关心学生是一个教师成功必须具备的条件，也是师德的重要内容。孔子说："仁者爱人"，仁者爱护人，关心人，把人当人对待。孔子爱护学生，了解学生，关心学生品德学业的增进和他们的生活与健康状况。孔子说："爱之，能勿劳乎？忠焉，能勿诲乎？"爱护他，能够不叫他勤劳吗？忠于他，能够不教诲他吗？又说："二三子以我为隐乎？吾无隐乎尔。吾无行而不与二三子者，是丘也。"你们以为我会隐瞒什么吗？我对你们是没有任何隐瞒的，我没有什么不告诉你们的，这就是我孔丘的为人。说明孔子对学生为学与为人毫无保留，做到了"无私无隐"。

④"讲究教法，循循善诱。"孔子认为教师要讲究教学方法，善于启发学生的心智。他提出"不愤不启，不悱不发""举一反三""闻一知十"等，正如颜渊所赞叹的"夫子循循然善诱人，博我以文，约我以礼，欲罢不能"。老师善于有步骤地诱导我们，用各种文献来丰富我们多方面的知识，又用一定的规矩制度来规范我们的行为，使我们想停止学习都不可能。这说明孔子教育技巧之高超，像一块磁性很强的吸铁石，把学生紧紧吸在自己的周围，弥漫着一种强力磁场，导发出诱人的魅力。由此可见，具有良好的教育教学能力、技巧，讲究教学原则方法，是教师必备的一种心理品质，也是对学生进行素质教育的必要条件。

"以身作则，言传身教；学而不厌，诲人不倦；爱护学生，无私无隐；讲究教法，循循善诱。"孔子的这些思想和经验，对我们今天的教育改革和加强师德建设也是有一定的启发意义的。孔子的教育思想和经验是非常丰富的。他的一些具有方法论因素的格言警语，实际上已成为一个优秀的教师不可缺少的营养，对后世发生了深远的影响，也值得我们今天认真地加以总结。

张岱年先生曾说："尊孔的时代过去了，把孔子当作神的时代一去不复返了；批孔的时代也过去了，把孔子当作鬼的时代一去不复返了；纪念孔子、研究孔子的时代来到了，把孔子还原为一个人——一个思想家、教育家的时代来到了！"作为一个真诚的教育家，孔子是极富于首创精神的。他一生抱着追求真理和培育人才的愿望，在自由讲学的长期实践中积累起来的丰富的教育思想和经验，乃是中国教育史上的宝贵遗产。

司马迁在《史记·孔子世家》中说："孔子以诗、书、礼、乐教，弟子盖三千焉，身通六艺者七十有二人。"从办私学时间之长久、从事私学活动精力之集中、私学规模之宏大、私学生徒弟子之众多、私学教育经验之丰富、对中国文化影响之深远来说，这是其他学派的私学所不及的。孔子死后，儒家分为八派，在教育上影响最大的是孟子私学和荀子私学，他们从不同方面继承和发展了孔子私学的优良传统。

孟子（约公元前372—前289年），战国中期教育家、思想家，名轲（kē 科），邹（今山东省邹县东南）人。

孟子是"性善论"者，他认为所谓人性，就是人类所独有的、先天固有的、内在的性质。这个人性在他看来就是善，就是道德。人之所以高于禽兽，是因为有善、有道德。不过孟子所谓的"人性善"，并不是说人性中具有纯粹的完全的道德，只是说人性中具有"善端"——善的因素或善的萌芽。他说："恻隐之心，仁之端也；羞恶之心，义之端也；辞让之心，礼之端也；是非之心，知之端也。人之有四端，犹其有四体也""凡有四端于我者，知皆扩而充之矣"。孟子认为要做个完善的人，仅有这些"善端"是不够的，必须加以扩充。把善端加以存养、扩充，充分发挥，达到最完善的境地，这就是圣人，"人人皆可为尧舜"。如果善端受到"陷溺"，受到客观环境污染，丧失了善端，那就成为小人、恶人，所以需要进行教育，否则人就要沦为禽兽。

孟子

孟子说："学问之道无他，求其放心而已矣。"孟子认为教育的作用就是把已丧失的善端找回来罢了。孟子认定教育对人性的作用，并不是要自外注入一个人本来没有的东西，只是在于把人天赋的善端加以保持、培养、扩充、发展，或把已经丧失的善端找回来，排斥环境中的污染和损害，启发一个人恢复天赋的道德观念，促使对固有善端的自觉，使之发扬光大，而成为圣贤。苏格拉底的学生柏拉图（公元前 427—前 347 年）说"学习即回忆"，认为"一切研究，一切学问，只不过是回忆罢了"。学习并不是从外部得到什么东西，它只是回忆灵魂中已有的知识。这些话与孟子的善端说何其相似乃尔。

孟子私学教育正是由此出发。孟子认为教育的目的是"明人伦"，教育学生明确并实践"父子有亲，君臣有义，夫妇有别，长幼有序，朋友有信"的伦理道德原则。孟子强调"尚志养气""反求诸己""改过迁善"的道德教育的原则与方法，肯定人的精神生活和道德情操的重要。"天将降大任于斯人也，必先苦其心志，劳其筋骨，饿其体肤，空乏其身，行拂乱其所为，所以动心忍性，增益其所不能""生于忧患而死于安乐""富贵不能淫，贫贱不能移，威武不能屈"。这些我们耳熟能详的句子，就是出自孟子，正是这些为人之道在中华文明史上曾哺育了无数民族英雄和仁人志士，使他们为民族、为国家、为人类做出了巨大贡献。

孟子一生大部分时间从事于私学教育，以"得天下英才而教育之"为人生最大的乐趣。他从"性善论"观点出发，强调内在的精神力量，主张人性是善性、人心是良心、人情是真情。他的私学经验和教育理论，触及了人如何重视教育的内在发展规律的问题，对中国古代教育产生了深刻的影响。

荀子（约公元前 313—前 238 年），战国末期教育家、思想家，名况，字卿，赵国（今山西南部）人。

与孟子不同,荀子是"性恶论"者,重视后天人为的作用影响,把教育看作是"外烁"的过程,强调"化性起伪"。所谓"伪"即人为,指用后天人为教育的办法来纠正和变化人先天的恶的本性。按照荀子"性恶论"的思想,人一生下来,天生就有贪利的一面,如果放纵人的本性,必定会发生争夺,造成暴乱,所以需要教育的感化、礼义的引导,改变自己的本性,树立人为的善,经过长时期的磨炼,从而不再恢复到原初的本性。荀子认为人的贵贱、智愚、贫富都决定于后天的教育和学习,环境对人的成长有重要影响,他把这种影响称为"渐"或"注错"。但人不是被动地受环境影响,强调人的主观努力,他把这种努力称为"积"或"积靡",所以,他说:"涂之人皆可以为禹。"

荀子

孟子认为教育的作用在于发展本性,荀子认为教育的作用在于改造本性。孟子着重论证了社会道德观念的合理性和实施教育的可能性,荀子力图说明树立道德观念的必然性和实施教育的必要性。他们在教育作用上的分歧,严格说来,并不包含实质的意义,实际上是相互补充、相辅相成的。我们要看到孟子和荀子相异之处,也要看到其相同之处。不能因为他们形式上的差异，掩盖了质的相同。因为他们都是孔子教育思想的继承者和发扬光大者。

荀子私学的教育目的是培养士、君子、圣人，而以"学为圣人"作为最高目标。关于教学，孟子主张"内发"，荀子主张"外求"；孟子强调"思"，荀子重视"学"；孟子把教学或学习看作是"存养""内省""自得"的过程，荀子把教学或学习看作是"闻、见、知、行"等环节。荀子还提出"积微见著，积善成德""虚壹而静，专心有恒""解蔽救偏、兼陈中衡"等重要的学习方法和思想方法。

荀子继承儒家尊师重学的传统，进一步提高了教师的地位，把教师与"天""地""君""祖"并列，宣称"天地"是生物之本，"先祖"是族类之本，"君师"是治理人民之本。荀子重视"礼论"，认为"礼"是用以矫正人的思想行为的，是维护社会安定的根本，但如果没有教师，"礼"的这种作用便无法实现，就会形成"上无君师，下无父子"的"至乱"的局面。由此看来，教师的地位和作用，直接关系到国家的前途和命运。所以，荀子讲"国将兴，必贵师而重傅""国将衰，必贱师而轻傅"。距离现在5000年的辽宁牛河梁地区出土的红山文化，就先祭祀天，再祭祀地，再祭祀君，再祭祀祖宗，再祭祀老师，这便是儒家信奉的"天地君亲师"。儒家对"天地"的尊崇，反映了人对天地宇宙的一种根源感。天给人以"性"，地给人以"命"，亲是父母，给人以"身"。"性""命""身"合起来是人的生命。君代表国家，是领导者、组织者、管理者。师代表"道"，是传道者、授业者、解惑者，我们尊师不是尊那个"人"，而是尊那个人背后代表的"道"。"君""师"给人以慧命。

荀子学识渊博，善于吸收和批判诸子百家学说，可算是先秦儒家经学集大成者。他一生主要时间和精力是从事于教学的，后来秦、汉儒者所习的《诗》《书》《礼》《易》《春秋》都有他的一派的传授渊源，他的弟子中著名的有毛亨、浮丘伯、张苍、韩非、李斯等。尽管荀子在战国时期与孟子具有同等的显学地位，但终因其弟子韩李之故，不被后世称誉。我们今天应该重新认识、正视荀子的思想，他的《荀子》一书，对先秦的许多学术问题做出了总结性的判断，对哲学、逻辑学、政治、经济、军事、文化、音乐，特别是教育，都做过深入的研究与探讨，体现出他作为思想家和教育家的创造性和批判性的战斗精神。

三、古代民办高校——经师聚徒讲学

私学兴起于春秋战国，兴盛于两汉。两汉高等私学十分发达。汉初刘邦举兵围鲁，鲁中的儒生们还在学习儒家礼乐，"弦歌之声不绝"。汉初呈现了一个诸子之学普遍复兴的局面，如湖南长沙马王堆汉墓出土的简册及帛书中就有儒、法、道、阴阳、纵横等各家的著作。汉武帝实行"独尊儒术"政策后，诸子学在官学中失去了地位，只能转入私学。即使在私学，也仍然是儒学经师授徒唱了主角。

经师自建的私学称精舍，或称精庐。汉代经师身份，大致为二。一是官吏兼经师，所谓"居官教授"；一是经学专门家，所谓"隐居教授"。由于当时汉代的大小官吏都要具备儒学知识，差不多都需要专门学一经。民间谚语说："遗子黄金满籝（yíng营），不如教子一经。"意思是说，与其给儿子留下满箱的黄金钱财，不如教儿子专通一经书。一些经师名儒，受业弟子已达百人以上。如名儒董仲舒（公元前179—前104年）既博又

董仲舒

精，专精《春秋》公羊学。他一面任朝廷博士（文官），一面"下帷讲诵"。他的私家精舍张设帷幔，他在帷幔里讲经，学生们在帷幔外听讲。由于学生太多，不得不采用高年级学生教低年级学生的办法。这种弟子间转相授受的办法，非常流行，形成了以名儒讲诵为主，弟子们转相授受为辅的教学方法。东汉著名经学家马融（公元79—166年）也是一面任官，一面著书讲学。他遍注《易经》《尚书》《诗经》《三礼》《论语》《孝经》，使古文经学达到成熟的境地，生徒常有千余人。他生活豪奢，作风放达，善鼓琴，好吹笛，给高足讲课，"常坐高堂，施绛纱帐，前授生徒，后列女乐，弟子以次相传，鲜有入其室者"。郑玄（公元127—200年）在其门下，至三年未见师面，最后出师时才得一见。郑玄游学归里也聚徒讲学，弟子众至数百千人，他遍注群经，成为汉代经学的集大成者。而另一位《尚书》专

家叫孙期的，太学生出身，家境贫困，亲自牧豕大泽中，以供养母亲。他的学生常手捧经书，在田泽小道中追踪请教。东汉末，社会激烈动荡，较多经师采取避世态度，在山林中建立精舍，收徒传授，形成了一种隐居教学的传统，代代承继，也对中国古代的学术传承和人才培养，做出了不可磨灭的贡献。而居官教授，亦成为汉以后历代士大夫的一种传统。凡有经学造诣的读书人，进入仕途后，一面当官，一面为师，与弟子切磋学问。这也体现了孔子所倡导的"仕而优则学"的精神风貌。学生不远千里万里，携带干粮来求名儒大师。那时学生有两种：一为"及门弟子"，是亲身来受教的；二为"著录弟子"，是把学生名字登录在有名望的大师门下，不必亲自听教师讲授，是属挂名求学的。所以在有的大师门下，这样的弟子竟不下数千、万余人。这便是后世"拜门"的开始。这是一个值得研究的历史现象。

在私人精舍中，有的师生关系较为亲密，学生对师长恭敬礼让，教师对学生十分关怀。有的教师每当得到赏赐时，就主动资助给贫寒弟子。有位教师名叫边韶，曾白天睡觉，学生私下笑他："懒读书，但欲眠。"边韶老师听到以后，对答曰："但欲眠，思经事。"最令人感动的是，老师含冤被判罪，有学生上书诉冤以至请求代死的。如欧阳歙（shè 射）下狱，他的学生百余人举着幡叩头流血为他诉冤。这种尊师爱生的感情是真挚的，成为中国古代文化教育传统中的美谈。

汉代私学之所以兴盛，一方面是因为受国家"以经术取士"的影响，另一方面是因为私人讲学思想束缚较少。官学太学博士多专一经，墨守章句，少有撰述，而私人精舍讲学常兼授数经。

东汉经师，有的不仅精通儒家经典，还兼及天文、历法、算学、律学等知识学问的传授。如何修"善历算"，郑玄"通《京氏易》《公羊春秋》《三统历》《九章算术》"等。东汉时除经师私人精舍讲儒经外，民间还有传授医学、科技的私学，如名医华佗以"刳（kù枯）破"（外科手术）和针灸传授弟子。涪（fú服）翁著《针经》《脉诊法》传于弟子。樊英、段翳（yì易）、廖扶等精通星占、天文，皆传于弟子。东汉方技之术，也包含着丰富的自然科学与人体科学的知识，也属于中国优秀传统文化，不能轻易否定。

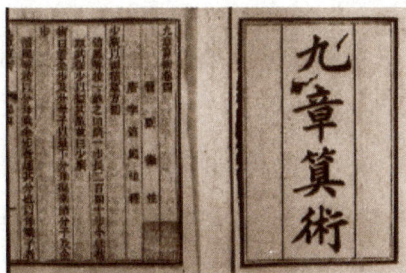

《九章算术》书影

此外，汉代还有妇女讲学传统。《汉书》的作者班固（公元32—92年）之妹班昭（约公元49—120年）学识渊博，很有才华。东汉和帝时命令皇后及诸贵人以她为师，称呼她为"曹大家（gū姑）"（她是曹世叔之妻）。她不但懂经学，还通天文、数学。邓太后曾专门向她学习请教。班昭完成了班固未完成的《汉书》中的一部分"八表和天文志"。书成后很受人们关注，但很多人读不懂，汉章帝派马融等十人向她学习。她还著有《女诫》等书。还有蔡邕（yōng雍）之女蔡文姬，博学多才，擅长音乐，能辨琴音，曾被南匈奴虏去，居匈奴12年。后曹操将她赎回，知她家藏书很多，想派十位官吏向她学习。后蔡文姬把她能记得的四百多篇全部缮写出来，竟没有遗漏和错误。

蔡文姬雕像

魏晋南北朝时期，由于长期动乱影响了官学的正常秩序，私学却呈现繁荣局面，名儒聚徒讲学仍占重要地位，学生人数上百人或几千人者屡见不鲜。在南朝影响较大的是齐朝的刘瓛（huán 环）。刘瓛名气很大，著名神灭论者范缜（约公元450—515 年）就是他的学生。梁武帝时有五个学馆开设，教授儒经，这是私学发展的典型。当时以严植之最为有名。他很善于讲经，层次分明，说理清晰，每次他讲课，五馆学生都来听，学生常达千余人。还真有一番盛况呢！

儒学、玄学、佛学、道教的结合，是南北朝时期私人讲学的特色。如陈朝的徐孝克既讲玄理，又通五经，他每日早讲佛经，晚讲《礼》经与《左传》，受业者达数百人。讲学的形式受到佛教寺院讲佛经的影响，梁朝时盛行登讲座讲经，听讲人数有时多达千余人。梁朝、陈朝时讲学有时在宫殿，有时在寺院。据记载，陈后主曾命儒学大师张讥在温文殿讲《老子》《庄子》；后来陈后主到开善寺，又令张讥讲学，从臣们坐在佛寺西南的

松林下陪同陈后主一起听讲。陇西人王嘉不和世人交游，凿崖
穴居，弟子受业者数百人，亦皆穴处。泰山张忠"其教以形不
以言"，弟子主要观看他修炼导气的形态功夫，他不讲授课业，
这是道教的教学方法。从这里也可以看出古代民间气功教育还
很盛行。

科技教育也是当时私学的重要内容，如教授天文学、算学、
医学、药物学等，教学方法也有改进。南朝的王微深入研究本草，
常带两三位学生去采摘草药，并亲自尝试以验证《本草》的可
信程度。他继承了我国古代的医药学在采摘草药过程中重视实
践的传统。亲带弟子采摘并尝试草药，这可以说是一种很好的
教育方式。

这时期也出现了妇女讲学，如韦逞母亲宋氏继承家学《周
官》音义，在战乱中教学不辍。后来韦逞担任前秦苻坚的太常时，
在家中为宋氏设立讲堂，教弟子120人。宋氏隔绛纱幔而讲授，
号宣文君。更引人注目的是，在南朝已有被任命为博士的妇女，
如吴郡（今江苏省苏州一带）韩蔺英擅长文辞，宋孝武帝时她
献《中兴赋》，受赏入宫，齐武帝时命她为博士，教六宫书学，
当时人们尊称她为"韩公"。陈后主时，也曾命懂文学的宫人
袁大舍等人为女学士，这也是很有意义的事。南齐博学有文才
的王融少儿时代是由母亲、临川太守谢惠宣之女直接教授成才
的。《元嘉历》的创造者何承天，幼年丧父，也是由他博学的
母亲徐氏进行启蒙教育后成才的。

唐代名士大儒传道授业的高等私学仍然很多，如颜师古（公
元581—645年）以考定五经著名，在未显达时"以教授为业"。

与颜师古同撰《五经正义》的孔颖达（公元 574—648 年）在未做官以前也是"以教授为务"。刘焯（zhuō 卓）是名儒，在国子学与诸博士论学，名扬四海，后来回到家乡，专门从事著述和教授，孜孜不倦。尹知章尽通诸经精义，曾为国子学博士，归家仍讲学不辍。可见国子学博士，也还可以在家聚徒讲学教授学生。韩愈（公元 768—824 年）、柳宗元（公元 773—819 年）被贬时，许多学生不远数千里拜他们为师，这样的事例很多。

颜师古

唐以后的书院，其实就是在这种高等私学基础上发展演变而来的。

四、古代民间小学——私塾蒙学及蒙养教材

对少年儿童进行识字、写字教育的蒙学，自汉代以后，都是私人、家族或由地方乡绅集资建立的。汉代的蒙学，称"书馆"或"学馆"，教师称"书师"。东汉的思想家、教育家王充（约公元 27—100 年）在他的《论衡·自纪》中说，在书馆学习的学童大约有百多人，先是识字、习字，每天要背诵千字以上。

有的学童因字写得不好而挨打，有的因过失而受到指责。书馆
所用的字书，现在保存下来的只有《急就篇》，相传是西汉史
游编撰的。今本《急就篇》共1244字，内容包括姓氏、衣着、
农艺、饮食、器用、音乐、生理、兵器、飞禽、走兽、医药、人
事等方面的应用字，全文押韵，没有重复字，句子有七言、四
言、三言等，既便于记诵，又切合实用。《急就篇》流传较广，
是自汉到唐的主要识字课本。

王充

　　魏晋南北朝时期的童蒙读物也有所发展。范岫（xiù 秀）
所著的《字训》与王褒所写的《幼训》已具有童蒙课本的性质。
梁武帝时周兴嗣所撰《千字文》，全文千字，无一字重复，四
言叶韵，共250句，以"天地玄黄，宇宙洪荒"开头，依次叙述
有关天文、博物、历史、人物、人伦、教育、政治、人生、生活
等多方面的知识。据载，梁武帝教诸王学习书法，叫人从王羲
之书法作品中拓出千个不重复的字，每字片纸，字与字之间在
内容上不相联系。梁武帝进一步设想将其联缀成文，于是召文
章大师周兴嗣说："你很有才能，把它编成韵文。"周遂编成《千
字文》（原名《次韵王羲之书千字》）呈上，大获成功，然而

鬓发于一夜之间都变白了。《千字文》是以识字教育为主兼有道德伦理教育和常识教育的综合性课本，自南北朝开始一直流行到民国初年，是中国历史上流传最久的蒙学课本之一。它在内容上，把常用单字组织成通顺的能够表达一定意义的句子；在语言上，押韵自然，结构简单，易于朗读背诵。所以有人说《千字文》"不独以文传，而又以其巧传"，独具匠心，是一篇构思精巧、千古传诵的绝妙文章。

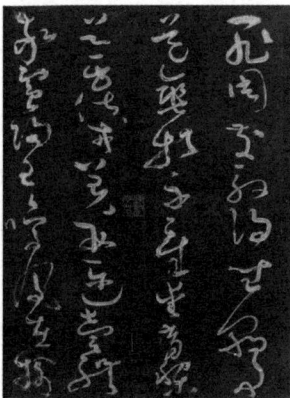

怀素草书《千字文》

唐宋以后，蒙学有时也叫村学、村塾、冬学等。史书上记载，私学还深入到农村。元稹（公元779—831年）在《居易集》的序上说："予尝于平水市中，见村校诸童，竞习歌咏，召而问之，皆对曰：'先生教我乐天（即白居易）、微之（即元稹）诗。'"由此可见农村私立小学学诗的风气颇为盛行。唐时流行的蒙学课本，除《急就篇》《千字文》外，还有《兔园册府》《太公家教》《蒙求》等书。《兔园册府》为杜嗣先著，30卷，可惜书已散佚，现仅存半篇序文。《太公家教》撰者佚名，多用韵语杂述古代社会日常生活的道德要求和待人处世的格言，有的

采自民间俗语，有的则录自儒家经书。如"三人行，必有我师
焉。择其善者而从之，其不善者而改之""君子固穷，小人穷斯
滥矣""食无求饱，居无求安""道之以德，齐之以礼""己所
不欲，勿施于人""人无远虑，必有近忧"等，显然是录自《论
语》。"知过必改，得能莫忘""女慕贞洁，男效才良""罔谈
彼短，靡恃己长"等，则是录自《千字文》。除此之外，像"一
日为师，终日为父""近朱者赤，近墨者黑。蓬生麻中，不扶自
直""滞不择职，贫不择妻，饥不择食，寒不择衣""凡人不可
貌相，海水不可斗量""一人守隘，万人莫当""小而学者，如
日出之光；长而学者，如日中之光；老而学者，如日暮之光""积
财千万，不如明解一经，良田千顷，不如薄艺随躯"等，给人以
似曾相识之感。它们既是前人经验的总结，在后世更是流传千
古。我国传统文化中的一些最典型的东西，正是借助这些妇孺
皆知的蒙学读物，得到继承和提炼，更得到发展和弘扬。《蒙求》
亦称《李氏蒙求》，为李翰所作，全书以历史典故为主要内容，
每句四字，上下两句成对偶，各讲一个历史人物或传说人物的
故事，如"匡衡凿壁，孙敬闭户""孙康映雪，车胤聚萤"。后
世陆续出现的各种"蒙求"和同类读物，如《十七史蒙求》《广
蒙求》等在体例上或在内容上都以《李氏蒙求》为范本。上述
蒙养教材，如《千字文》《太公家教》《蒙求》等皆曾译成女
真文、满文，在北方及东北少数民族地区流传，后还远传到日本、
朝鲜等国。

　　古人将儿童称作"童蒙"，即不懂事的孩子。《易经》有
蒙卦，其实就是讲对儿童的启蒙教育。蒙卦是 ䷃。上卦 ☶ 称

"艮"，为山；下卦 ☵ 称"坎"，为水，意为山下有泉。就是说，童蒙好像安静的青山下一个清澈的渊泉。山静、泉清，象征着儿童未被开发的天然善性。静山、清泉和善良的童蒙，都是极为宝贵的资源。应如何去开发呢？宋代思想家、教育家周敦颐（公元 1017—1073 年）说："慎哉！其惟时中乎！"意思是说，要慎重呀，教育一定要得当啊！那么古人如何正确地进行启蒙教育呢？最根本、最精要的有两点：一是正心、育德。《易经》中提出"蒙以养正""君子以果行育德"。就是说，要给儿童以正心教育，用最好的思想培养儿童的德性。周敦颐在《通书》中说："童蒙求我，我正果行。"意思是说，儿童等待我去教育，我要将他引上正道。二是要谨防渎（dú 读）、汩（gǔ 古）、乱。就是说开发儿童这个静深、美好的渊泉，要防渎、防汩、防乱，严防乱开发。《易经》说："渎则不告。"渎就是乱开沟渠，对儿童来说就是乱开发。乱开发就容易使儿童变成不可教，这就是"渎则不告"的意思。《通书》说："山下出泉，静而清也，汩则乱，乱不决也。"汩就是受干扰而散漫。乱就是混乱，对静而清的泉水干扰、搅乱，泉水就被搅浑了；对清白、聪明的儿童乱干扰、乱诱导，就把童心搅乱了。童心一乱，就难以进行正确教育和引导了，这就是"乱则不决"的意思。

古人关于儿童启蒙教育的两条基本原则，即正心育德和防止渎、汩、乱，对我们今天的儿童教育是很有启发的。正心育德是决定整个人生的基础，也是以后升学求知的基础。把心端正了，把做人的基本道德树立了，就算走上了正轨，就算有了一个好的基础，以后无论是求学还是为人处世、做事业，就比较平稳顺当了。如果用渎、汩、乱来对孩子乱干扰、乱诱导、乱开发，使孩子难以上正轨，难从正业，难于管教，就等于把聪明健康的孩子的前程给耽误了。

宋明理学家认识到蒙学教育是基础教育，所以强调蒙学教育应严格要求，打好基础。例如在生活礼节方面，要求儿童在日常生活中居处必恭，步立必正，视听必端，言语必谨，容貌必庄，衣冠必整，饮食必节，堂室必洁等等。在读书方面，要求儿童读书时认真专注，字字响亮，"不可误一字，不可少一字，不可多一字，不可倒一字"。在写字方面，要求儿童写字时必须"一笔一画，严正分明，不可潦草"。在学习习惯的训练方面，要求儿童"须整顿几案，令洁净端正，将书册整齐顿放，正身体，对书册，详缓看字，仔细分明读之"，"凡书册，须要爱护，不可损污皱折"，读书要做到三到"心到、眼到、口到"。良好的生活、学习、读书、写字习惯要在儿童时期培养、训练，这不仅有利于儿童的成长，而且还会使他们终身受益。

宋明理学家还制定了各种形式的《须知》《学则》等，以

朱熹

此作为规范蒙学时期儿童行为的准则。如朱熹（公元1130—1200年）专为蒙童编写了《童蒙须知》，对儿童的衣服冠履、言语步趋、洒扫涓洁、读书写字以及杂细事宜等都作了细致的规定。程端蒙（公元1143—1191年）、董铢（公元1152—1214年）的《学则》也对儿童生活、学习的各个方面提出了具体的要求。这些规定和要求让儿童一言一行、一举一动都有章可循、有规可依，对于培养他们良好的行为习惯是有积极作用的。

儿童活泼好动，宋明教育家们已注意到这个特点，他们根据儿童心理特点，因势利导，激发他们的学习兴趣。杨亿曾提出采用"日记故事"形式进行教育。程颐（公元1033—1107年）提出创作"洒扫、应对、事长之节"的通俗诗歌，让儿童"朝夕歌之"，并伴之以舞蹈，以激发兴趣，使之乐于接受。朱熹广泛地从经传史籍以及其他论著中采集有关忠君、孝亲、事长、守节、治家等内容的格言、训诫、故事等，编辑成儿童道德教育用书，题为《小学》，广为流传。他还提出用"铭""箴"之类的道德训诫、短语，制成条幅悬挂或雕刻在书斋、门户、盘盂等日用器具上，以引起儿童的注意，增加儿童学习的自觉性，以达到"习与智长，化与心成"的境界。他又根据儿童记忆力强、理解力弱的特点，强调对学习内容要熟读牢记，并在此基础上逐步理解。王守仁（公元1472—1528年）从"致良知"的要求出发，认为儿童时期"良知"保存最多，受蒙蔽最少，教育应从儿童时期抓起。他认为儿童的性情总是喜欢嬉游，而怕拘束与禁锢，就像草木刚刚萌芽，顺应它就会发展，摧残它就会衰退。他主张对儿童的教育必须依据这个特点来进行，采取使儿童"趋向鼓舞"和"中心喜悦"的积极教育方法，才能使儿童的学习日有长进，就好像春风时雨及于草木一样，生意盎然，而不是冰霜剥落、生意萧索。王守仁主张给儿童"诱之诗歌""导之以礼""讽之读书"三方面的教育，陶冶儿童的思想和性情。这样就把儿童的德育、智育、体育、美育等教学内容，在每天的教育活动中都做了切实的安排。他主张根据儿童的特点进行教育，反对教条式的教学方法和体罚等粗暴的教育手段，这些都是有积极意义的。

宋元时期继承和发展了前代编写蒙学教材的经验，开始出现分类按专题编写的书册，大致可以分为以下几类：

① 以识字教育为主的综合性识字教材。如《三字经》《百家姓》《千字文》等。目的是教儿童识字、掌握文字工具，同时也综合介绍各类基础知识。

② 以道德教育为主的蒙学伦理教材。如吕本中的《童蒙训》、吕祖谦的《少仪外传》、程端蒙的《性理字训》等。目的是向儿童集中传授伦理道德知识及为人处事、待人接物的准则。

③ 以历史教育为主的蒙学历史教材。如王令的《十七史蒙求》、胡寅的《叙古千文》、黄继善的《史学提要》、陈栎（lì 利）的《历代蒙求》、吴化龙的《左氏蒙求》等。有的是简述中国古代历史的发展，有的是选辑历史故事或历史人物的嘉言懿行，既向儿童传授历史知识，又对儿童进行了传统文化和思想道德教育。编写体例"多是四言，参为对偶，联以音韵"，便于记诵。

④ 以陶冶性情为主的蒙学诗歌教材。如朱熹的《训蒙诗》、

陈淳的《小学诗礼》等。这类教材选择一些适合儿童学习的诗词歌赋，让其吟诵，陶冶性情，开拓意境，进行美感教育。

⑤ 以社会、自然常识教育为主的知识性教材。如方逢辰的《名物蒙求》、胡继宗的《书言故事》、虞韶的《日记故事》等。内容涉及天文、地理、人物、鸟兽、草木、衣服、建筑、器具以及常用的典故、成语等等。

在上述众多的蒙学教材中，以《三字经》《百家姓》《千字文》流传最为广泛，人们习惯地称之为"三、百、千"。

《三字经》相传为宋末王应麟（公元 1223—1296 年）所撰，也有人说是宋末区（ōu 欧）适子所撰。全书共 356 句，每句三个字，句句成韵，通俗易懂，读来琅琅上口，便于背诵。文字简练，善于概括。经后代不断补充，后为 1140 字。全书从"人之初，性本善"开始，概括了中华民族的基本立场和中华文化"仁"的核心。其基本内容、基本思想是仁义、忠孝、做人常理、重视知识、尊重历史、鼓励求学，真正是正心育德的好教材。《三字经》是中国古代最著名的蒙学课本。"三、百、千"后来译成少数民族文字，编成蒙汉、满汉对照本，如《蒙汉三字经》《满汉三字经》《蒙汉对照百家姓》《女真字母百家姓》《满汉千字文》《蒙汉千字文》等。《三字经》很早就流传到朝鲜、日本等国。1990 年，《三字经》被联合国教科文组织列为"儿童德育教科书"并向全世界推广，为世界各民族儿童教育事业做出贡献。

《百家姓》是集汉族姓氏为四言韵语的蒙学课本，北宋时编，作者佚名。从"赵、钱、孙、李"始，为"尊国姓"，以"赵"姓居首。全篇虽是 400 多个前后并无联系的字的堆积，由于编排得巧，亦极便诵读，使用汉字姓氏的人，绝大多数可以从《百家姓》里找到自己的姓氏，而几个大姓，一翻开《百家姓》就可看见自己的姓氏。这是《百家姓》使人感到亲近和受到欢迎的一个重要原因。由于《百家姓》在编写上的特点，就使得后来各种《百家姓》的改编本终不能流行开来，即使像清康熙时《御制百家姓》，依靠政府的力量加以推行宣传，也未能撼动宋原本《百家姓》的传统地位。

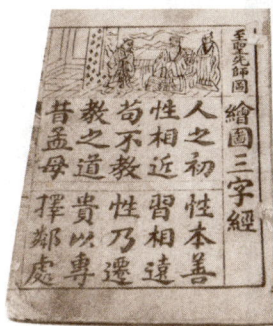

民国木刻《绘图三字经》

宋元时期蒙学教材按专题分类编撰，使蒙学教材在内容和形式上呈现多样化。一些著名学者如朱熹、吕祖谦、王应麟等，亲自编撰蒙学教材，可见对蒙学教材之重视，同时也提高了蒙学教材的地位与质量。蒙学教材注意儿童的心理特点与年龄特征，采用韵语形式，文字简练，通俗易懂，并力求将识字教育、伦理道德教育和基本的社会、自然常识教育有机地统一起来，力图达到正心育德的目的。这些经验是很宝贵的，值得我们重视。

明清时期的蒙学有三种形式：一是坐馆或教馆（指地主、士绅、豪富等聘请教师在自家进行教学）；二是家塾或私塾（指教师本人在自家内设学）；三是义学或义塾（指地方或个人出钱资助设立蒙学招收贫寒子弟，带有慈善事业性质）。明清时蒙学已定型，有了一般固定的教学制度和教学程序，也有了一批相当可观的教蒙学的教师群体。

鲁迅笔下的三味书屋

蒙学教师简称为"蒙师"，一般都是当地的童生或穷秀才，有的连童生、秀才也不是。《儒林外史》第二回描绘山东薛家集有位 60 多岁的蒙师名叫周进，"却还不曾中过学"，即仅是童生，还没中秀才。他来到贡院门口想挨进去看看，却"被看门的大鞭子打了出来"。家长赘（zhì 志）见蒙师，赠送的礼钱"合拢了不够一个月饭食"。"潦倒青衫"是蒙师生活的真实写照。

清初的郑板桥（公元 1693—1765 年）早年家贫，也当过蒙师，曾作诗自嘲：

教馆原来是下流，傍人门户过春秋。

半饥半饱清闲客，无锁无枷自在囚。

课少父兄嫌懒惰，功多子弟结冤仇。

而今幸作青云客，遮却当年一半羞。

清同治年间的李静山在他编的《增补都门杂咏》上有诗曰：

蒙馆舌耕不自由，读书人到下场头。

每逢年节先生苦，亲去沿门要束脩。

清嘉庆年间有人编的《都门竹枝词》上也有诗曰：

三两言明按月支，支来两月便迟迟。

束脩漂了随君便，再请旁人做老师。

"家有二斗粮，不作孩子王。"蒙师在社会上无地位，归根结底是由于明清朝廷的不重视。当时稍有才识、衣食有奔头的，都不愿当蒙师。张履祥（公元 1611—1674 年）说：蒙师教育责任重大，但社会地位低贱，而科举考试之学问简陋，社会地位却那么高，形成多么强烈的反差！所以清代的崔学古在《幼训》中呼吁改变蒙师状况，他说："为师难，为蒙师更难。蒙师失，则后日难为功；蒙师得，则后来易为力。甚矣，不可不慎也。"

明清时期蒙学教材很多，除流行"三、百、千"外，还有《千家诗》《龙文鞭影》《幼学琼林》《弟子规》《童蒙观鉴》等。

《弟子规》全篇以孔子的"弟子入则孝，出则悌，谨而信，泛爱众，而亲仁。行有余力，则以学文"为纲领，次篇详叙其具体内容。三字一句、合辙押韵的形式，便于诵读理解，被称为"开蒙养正之最上乘"。作者李毓秀，康熙年间山西绛州秀才，因为他撰著了《弟子规》，去世后其牌位被供奉在绛州先贤祠内。

《清稗类钞·讥讽类》中有一首嘲私塾诗，勾画了当时蒙学教学活动的情景：

> 一阵乌鸦噪晚风，
> 诸生齐放好喉咙。
> 赵钱孙李周吴郑，
> 天地玄黄宇宙洪。
> 《三字经》完翻《鉴略》，
> 《千家诗》毕念《神童》。
> 其中有个聪明者，
> 一目三行读《大》《中》。

"三、百、千"读完后再读《千家诗》《神童诗》《鉴略》，然后再读"四书"——《大学》《中庸》《论语》《孟子》。

《千家诗》共选诗 200 余首，大部分语言流畅，词句浅近，易读易记，包括不少脍炙人口的名篇，如李白的《静夜思》、孟浩然的《春晓》、王之涣的《登鹳鹊楼》、杜牧的《清明》、苏轼的《饮湖上初晴后雨》等名诗。由于《千家诗》成为蒙学中主要的诗歌教材，社会上又将它与"三、百、千"合称为"三、百、千、千"。后来清代孙洙又择唐诗中脍炙人口之作，编成《唐诗三百首》，署名蘅塘退士印行。此书一出，"风行海内，几至家置一编"，不只在蒙学，也是社会上十分流行的诗歌集。

还有一种蒙学课本叫作"杂字"书，在历代史书上很少著录，但其内容切合日用，又分类编纂，既可做识字课本，又能起字典作用，适合一般农民、手工业者、商人及其子女的需要，在蒙学中也占有一定的地位。举《五行杂字》为例："人生天地间，庄农最为先。要记日用账，先把杂字观。你若待知道，听我诌一篇。开冻先出粪，制下锹和锨。扁担槐木解，朱筐草绳拴。……"后面是与耕种活动和农家日常生活需要有关的内容，如："面饼大犒赏，豆腐小解馋。说的咱家话，财主却不然。弱人服参汤，肚壮吃黄连。清晨用点心，晚晌吃糖圆。夏天鸡卤面，鸡蛋和肉丸。……哪怕天鹅肉，说要也不难。"最后以"几句俗言语，休当戏言观。专心记此字，落笔不犯难"结束。

再举《六言杂字》中这几行：

飞叉木锨扫帚，推扒梯子刮板。
……
黄花金针木耳，蘑菇大料茴香。
鱼肚海蜇紫菜，香蕈燕窝白糖。
……
花椒胡椒芥末，红曲酱瓜腌姜。
……
兄弟哥哥嫂嫂，母舅妗子姨娘。

　　　　大伯小叔侄儿，丈人岳母姑娘。

　　　　……

　　蒙学主要进行读书、习字、作文三方面的教学训练。而每一方面的教学训练，又都按一定的次序。如读书，首先进行集中识字；待儿童熟记千余字后，进入读"三、百、千、千"阶段，进而再读"四书"。这时学塾教学的重点在于指导儿童跟读、熟读和背诵上。在此基础上，教师进行讲书，着重阐述基本道德精神和做人的原则。习字的次序，先由教师手把手教儿童用毛笔，而后描红，再进入临帖书写，这时学塾教学的重点在于指导儿童用毛笔描红本及名家字帖。作文之前必练习作对。教师训练儿童作对，先从模仿做起。如教师讲"正名"这一格式，就要举例："送酒东南去，迎琴西北来。"再让儿童仿着写一句。如教师讲"因类"这一格式，亦要举例："圆荷浮小叶，细麦落轻花。"再让儿童仿着写一句。教师还可运用一些作对学文的书和诗词范文指导儿童。如：

　　天对地，雨对风，大陆对长空，山花对海树，赤日对苍穹。

　　云对雨，雪对风，晚照对晴空。来鸿对去雁，宿鸟对鸣虫。三尺剑，六钧弓，岭北对江东。人间清暑殿，天上广寒宫。夹岸晓烟杨柳绿，满园春色杏花红。两鬓风霜，途次早行之客；一蓑（suō 娑）烟雨，溪边晚钓之翁。

作对练习是一种不讲语法理论而实际上却是相当严密的语法训练，经过多次练习之后，儿童可以纯熟地掌握词类和造句的规律，并且用之于写作。这一种基础训练的方式，的确是值得我们重视的。

《声律启蒙》书影

学塾中实行个别指导，教学进度以儿童的接受能力为转移，一般来说，都遵循由易及难、由浅入深的原则，前一步的学习为后一步的学习铺垫基础。教学中尤重视温故，教师有计划、有步骤地组织儿童复习旧课，在"温故"的基础上再"知新"——上新课。

当时流行有《训蒙歌》一首，生动地反映了蒙学与蒙师的状况："牢记牢记牢牢记，莫把蒙师看容易。教他书，须识字，不要慌张直念去。声声字眼念清真，不论遍数教会住。教完书，看写字，一笔一笔要端详，不许糊涂写草字。字写完，做对句，见景生情不必奇，只要说来有意趣。平仄调，毋贪异。做完对句有余功，写个破承教他记。催念书，口不住，时常两眼相看他，怕他手内做把戏。非吃饭，莫放去，出了恭，急忙至，防他悄悄到家中，开了厨门偷炒米。清晨就要来，日落放他去。深深两揖走出门，彬彬有礼循规矩。若能如此教书生，主人心里方欢喜。"

清道光二十一年（公元 1841 年）辛丑科状元龙启瑞根据

自己的亲身经历和当时蒙学教学实际，提出了一个新的《家塾课程》："以看、读、写、作四字为提纲：读熟书以肥其义理之根，看生书以扩其通变之趣，写字以观其用心之静躁，作文以验其养气之浅深。四者具而学生基业始立，鲜慝（tè 特）志亦鲜遁情矣。"强调要熟读精思、渐进有恒、自求自得、严格要求，颇受当时社会各界重视，流传很广。其主张对今天中小学的语文教学，亦可提供启示和借鉴。

清代王筠（公元 1784—1854 年）撰写的《教童子法》，是一本专门论述蒙学教育的著作，对识字、写字、读书、作对、作诗、作文等方面的基本训练作了系统的论述，对蒙学的一般原理也提出了一些独到的见解。如重视学生的学习兴趣，反对呆读死背的教学方法。书中说："学生是人，不是猪狗，读书而不讲，是念藏经也，嚼木札也。""人皆寻乐，谁肯寻苦？读书虽不如嬉戏乐，然书中得有乐趣，亦相从矣。"这是说，儿童如不能理解书中的意思，读起来好像和尚念经，枯燥无味，自然把学习看成苦事。"小儿无长精神，必须使有空闲，空闲即告以典故。"这是说，儿童的注意力不能持久，教学中要有适当的休息，休息时可以给学生讲些知识性故事，死典故可以训练儿童的记忆，活典故能够培养儿童的思维。书中还要求教师了解学生，因材施教，而不能使用体罚威吓学生，并以观察学生是"欢欣鼓舞"，还是"奄奄如死人"，作为判断其师是"良师"还是"笨牛"的标志。这些对中国古代蒙学教学经验的总结性见解，是十分深刻的。

习近平总书记告诫当代青年，一定要注意系好人生的第一粒扣子，第一粒扣子系好了，衣服就顺了，第一粒扣子系不好，衣服是歪斜的。无论一个人今后地位有多高，金钱有多少，文化有多深，做人的标准却是一样的。所以从小先学习做人的标准是非常必要的，主要是一种精神的培养和性情的养成。

涂又光老先生在《论人文精神》中指出："近百年来，'可为痛哭''可为流涕''可为长太息'的是，中国人文，尤其是人文精神，被中国人（当然不是全部）批判、糟蹋、凌辱、摧残、横扫，没有与科学同步发展，而是濒于绝灭，沦为垃圾。于是人失灵魂，恶于癌瘤（当然也不是全部）。物极必反，剥极而复，复兴人文，呼声四起，这是极好消息，是真正值得敲锣打鼓送喜报的'特大喜讯'。"该文最后一段写道："前面说过，人文精神在于行，却也离不开人文知识。关于增进人文知识，我极为主张精读经典。经典都经过历史筛选，新编的教材在这一点赶不上它，读经典可先让学生'吞'下去，以后'反刍'，回味义理。这是中国传统良法。就用此良法，中国经典传了几千年而不坠不绝，新编的教材包罗万象，有几个教师吃得透、讲得清？学生听了也当作耳边风，没有反刍、回味的余地，不能转化为人文精神。"

现在家庭教育要注意"多读古诗文，扎好中国根"。从"三、百、千、千"开始，还有《弟子规》《幼学琼林》《龙文鞭影》《增广昔时贤文》《笠翁对韵》《唐诗三百首》等等。然后深入《四书》《老庄》《古文观止》等精彩篇章，让孩子在记忆黄金期（15岁之前）先背下来再说，使其未来有一个发展的宽广平台，以后自能慢慢"反刍"，一生受用不尽。所谓"腹有诗书气自华"。当然现在家庭教育还要配合学校教育、社会教育，重视"扎好中国根，学做现代人"。可以中外儿童文学经典为主，广泛涉猎童话、寓言、科学、故事、实用文等，注意把民族性、人文性、工具性与现代性等和谐地统一起来，从而真正造就一代新人。

东方与西方汇通，传统与现代结合，科技与人文配合，是理性文化的复活。家庭教育可以为理性文化的复活奠定一定的基础。既然是家庭教育，那就一定要得到家长的支持和配合。家长对中华优秀文化的认识越高，对孩子的早期教育就越好。家长和孩子一起读童蒙经典、亲子共读，一起进步，共同成长，这是近年来民间创造的"扎好中国根"的形式。这样的中华优秀传统文化的复兴是可以期待的。所以未来的中国将是真正的礼仪之邦，是一个有"天地之心"、有"生民之爱"的民族，会真正的"仁者无敌"，"仁者无敌于天下"。

五、古代私学的特殊形式——家庭教育

私学的另一类型为家教，即在家庭中父子、祖孙相传，不仅指一般的知识教育和某种技艺的传递，而且还有专门学术的传授。汉代已相当流行。如史学，前有司马谈、司马迁父子作《史记》，后有班彪、班固、班昭父子、兄妹作《汉书》。如法学，有被当世誉为"明法世家"的于定国父子等。如目录学，有刘向、刘歆（xīn心）父子。至于经学，则出现了所谓"累世经学"，父、子、孙历

司马迁

"二王"王羲之、王献之

代相传。如桓荣专攻《尚书》，为汉明帝的老师；其子桓郁继承父亲的《尚书》学，为汉章帝、和帝的老师；其孙桓焉继承祖业，为汉安帝、顺帝的老师。这种"累世经学"家族，在东汉末几乎成为左右经学的学术中心，一直持续到魏晋南北朝。

魏晋南北朝的统治基础是士族，随着士族价值取向的多元化，形成了各种专门化的家学传统，如文学，有曹操、曹丕、曹植父子兄弟；书法，有王羲之、凝之、献之父子兄弟；算学，有祖冲之、暅（xuǎn 选）之父子等等。刘殷的家教更别致，他有七子，五子各授一经，另二子分别授《史记》《汉书》，一家之内，经史并举。

唐代中叶以后，宗族、大小家族逐步成为社会的基本组织，聚族而居。为了维护、巩固本家族的势力，族长、家长们都很重视对本族子弟的教育。如江州义门陈氏，运用家族的经济力量，既设私塾，对本家族的子弟进行识字、伦理道德教育，又立更高程度的"东佳书堂",培养本族优秀子弟科举应考,进入仕途。似这一类高等程度的家学,在五代至宋初,颇为发达。通过家学,传递专门学术,这个传统一直绵延至清代不绝,这是中国古代教育的一大特色。

家庭中对其子弟、子孙教育的最有效手段是家训。重视家训教育,是中国古代家庭教育的重要特点或是重要传统。中国古代重视家庭教育,认为个人的成功不仅意味着个人的人生价值的实现,同时也是家族与祖辈的人生价值的实现。青少年不仅要接受来自父母亲的教育,还要接受来自大家庭中祖辈的教育,其言行举止无一不受到大家庭祖辈、父辈的关注和引导,这就是为什么家庭教育重视家训教育的原因。

儒家文化大众读本

文明薪火赖传承

颜之推

古代的家训名目多样。在《中国丛书综录》里列入"家训"一类的书籍很多。如南北朝时颜之推(公元531—约595年)作《颜氏家训》20篇。他把家庭教育放在首要地位,从家族长远利益出发,为了"整齐门内,提撕子孙",使颜氏家族在政治时局变动中不至衰败,而依靠家庭教育教训子孙,讲立身处世之道。有人认为"古今家训,以此为祖"。除了这一类以"家训"

命名者外，还有族谱，如《苏氏族谱》等；斋规，如《真西山先生教子斋规》等；家范、家仪，如《金华郑氏家范》《涑（sù 素）水家仪》等；家规，如《传经堂家规》《孝友堂家规》等；遗嘱、遗训，如《椒山遗嘱》《文正公遗训》等；家诫，如《家诫要言》等等。还有药言、训子语、母训、家矩、贻谋、旌义编以及居家制用等，名目繁多。即使同一本书，其名称也各不相同，如司马光（公元 1019—1086 年）所撰《家范》十卷，又有《涑水家仪》《居家杂议》等不同名称。人们不仅把训子语、家教、治家格言、遗训等归入家训之中，即使大多数依附于家谱的家规、家仪、家诫、家范等等，也被归入了"家训"之中，可见其包括内容之广泛。如果按照形式分类的话，家训大致分为以下几种：

① 训诫，如吴麟征之《家诫要言》、温以介述《温氏母训》等。这类家训大多记载长辈对年轻一代的谆谆教导和训喻。

② 遗言、遗训，多记载长者对家事的一些安排，对子孙处事为人的教导，所以显得比较琐细。这类家训有的是仓促中撰成，读起来有"信笔由之"之感觉，如《椒山遗嘱》（又名《杨忠愍（mǐn 皿）公遗笔》）等。这是明代杨继盛参劾奸相严嵩十大罪恶，被其构罪，临死前写下的遗笔。他告诫应尾、应箕两个儿子，先要立志，又讲不可坏了良心，将来若是做了官，必须正直忠厚，不可"懈了为善之志"。他还说："我若不在，你母是个最正直不偏心的人，你两个要孝顺她，凡事依她，不可说你母亲向那个儿子，不向那个儿子，向那个媳妇，不向那个媳妇。要着她生一些儿气，便是不孝，不但天诛你，我在九泉下也摆布你。"此外，遗笔中还谈到了孝敬老人、兄弟相爱、妯娌相亲以及与堂兄弟的

关系等。这类遗言、遗训是中国家训中流传较广而影响较大者，其中不乏鼓舞人向上之教导，蕴含着深情，既有对子弟、家庭、人生、社会的关切，也有无限的眷恋，读起来十分感人。

③ 书信，如郑板桥集中有家书 16 封，在《十六通家书小引》中说：“几篇家信，原算不得文章。有些好处，大家看看；如无好处，糊窗糊壁，覆瓿（bù 步）覆盎而已。”明代吴麟征所著《家诫要言》就是其子从其为官之时的家书中节选出来、编辑成册的。书信形式的家训最著名者为《曾文正公家书》，共 330 多封，是历史上家书保存

大人寄鄧師信中言為學之方看讀寫作四者不可缺一。節男欲求大人寫大字幀幅賜男收存。男又常聞大人論寫字有換筆一法，屢欲問而不果，求并詳晰訓示。石蓭先生橫幅男去臘過湘潭已索歸，曉伯核就見文尚還銀三兩也

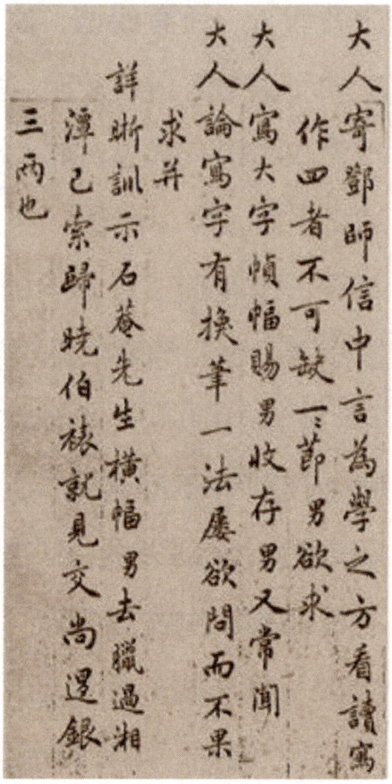

曾纪泽问换笔法

曾国藩答换笔法

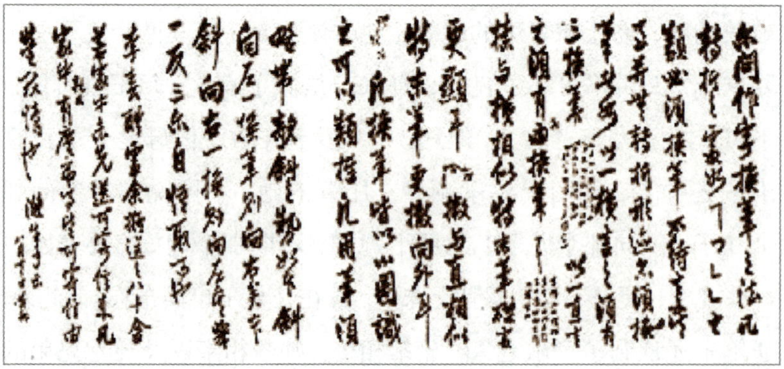

下来最多的。这类家书，很多涉及到人生、社会的知识以及中国的传统道德，有不少可取之处。家书写得辞意恳切，语言也简明晓畅，苦口婆心娓娓道来，肺腑之言跃然纸上，令人感奋。由于曾国藩的子弟有不少成为国家的栋梁之材，大家都认为他"教子有方"，所以《曾文正公家书》也就十分受推崇。

④ 诗歌、格言、警句，如《朱柏庐先生治家格言》《范鲁公训从子诗》《王中书劝孝歌》及清人戴翊清撰《治家格言绎义》等。《朱柏庐先生治家格言》，在古代社会是相当有影响的，其语句两两对应，读起来琅琅上口，再加上文风平实，很少用典，其价值观念与世俗社会相吻合，如："一粥一饭，当思来处不易；半丝半缕，恒念物力维艰""祖宗虽远，祭祀不可不诚；子孙虽愚，经书不可不读""家门和顺，虽饔（yōng 庸）飧（sūn 孙）不继，亦有余欢；国课早完，即囊橐（nǎng tuó 馕驼）无余，自得至乐"，贴近下层人民之生活，所以深受民间欢迎，为人传诵不绝。

⑤ 著作，如《颜氏家训》《袁氏世范》《聪训斋语》等。这类家训，往往援引儒家经典对子弟进行训导和教育，多为多卷本的著述，内容广泛，自成一个较为完备的理论体系。由于作者精心撰述，加之后代多次刻印，这类家训广泛流传到社会上，成为社会教化的教科书。《颜氏家训》就是这样一个典型的例子。

家训往往是由家庭中的长辈或有名望、有社会地位的子弟所撰写，作为为人处事的准则，传授给家庭的子弟，教育家庭的子弟；也有的是由子弟追记长者之言，垂范后世的。家训大多是撰写者本人或家中长者人生经验的总结，他们"语语折衷于圣贤，而日用伦行不出其范围"，在鼓励子弟好学上进和言行"折衷于圣贤"上表现出共同的取向来。它们不仅包括生活的情趣、职业的选择、读书学习的技巧，还包括各种社会角色的预期、行为处事的规范和戒条以及道德准则和价值观念。为把子弟培养成为一个君子，他们在传授知识的同时更注重教子弟如何做人，要他们读书耕田、布衣蔬食，以清贫勤苦立家业。为了子弟读书进仕、增长见识、修养心性，于是他们教给子弟进德修业、读书学习的方法和技巧。为了子弟立身处事，保住家业，他们告诫子弟选择好一门职业，掌握好一种技艺，并把家庭生活和社会生活的知识传授给他们。他们在教育子弟时，既注重知识教育，也注重道德教育、人生教育。这三种形式的教育往往交叉在一起，形成古代家庭教育的一大特色。

其实，家训、家教的目的，是让子孙"敦伦立品，修身树德，绍继家风，培育人才"，在子孙入世之前，完成他的人格教育，教他如何修德、守分、进学、处世、立业。从一篇篇家训中，可以看到先贤、先祖的苦心，真是为子孙作百代计。当代国学大师汤用彤先生（公元 1893—1964 年）在教育其子汤一介先生（公元 1927—2014 年，北京大学教授，原中华孔子学会会长）时说："家风不可中断。""一个家族应该有他的家风，如果家风断了，那么这个大家族也就衰落了。"所以我们应该重视古代的家训家教，重读古人经典家训，重立今人家教观念，培植家风，修身齐家，故曰：家和万事兴，子孝人伦正。家风看世风，此淳彼亦淳。这也是当代家长和教育工作者们应关注的。因为，孩子个性、人格的形成，家长、家训、家教起着至关重要的作用。

所以有人说家训、家教也是中国文化的一大特色。

中国古代重视家庭教育，家庭在把自己的子女送入社会之前，要把道德准则、社会规范、价值观念以及社会角色所需要的知识经验等，传授给自己的子女。从某种意义上说，古代青少年儿童的教育主要是在家庭中完成的。

《礼记·大学》提出："大学之道，在明明德，在亲民，在止于至善。"这是学大道的精神。为了实现学大道的精神，又提出了"八条目"。所谓"格物、致知"，即以道德观念的认识为起点，"诚意、正心"，即以道德信念的建立为中心；"修身"（强调"慎独"），即以道德自觉性的培养为根本要求；最后以"齐家、治国、平天下"为道德教育的实践目标。孙中山先生在《民族主义》讲稿中说："《大学》中所说的'格物、致知、诚意、正心、修身、齐家、治国、平天下'那一段话，把一个人从内发扬到外，由一个人的内部做起，推到平天下止。像这样精微开展的理论，无论外国什么政治家都没见到，都没有说出，这就是我们政治哲学的知识中独有的宝贝，是应该要保存的。"

这种精神就是中国古代家庭教育的基础。中国自古以来是一个重孝道、重亲情的国家，其治理、安定主要依靠家族、家庭的维系力量作为基础。家族是一个"大家庭"，它不仅有族规、族法、族田、族产，还有族训、家训、族学、家学等等。国家的忠义之臣，他们的"治国平天下"是由于家庭教育在其人格与行为方式的影响上形成的，是从"格物、致知"，经"诚意、正心"，再到"修身、齐家"逐步完善而完成的，是在家庭教育的基础上结合学校教育、社会教育共同产生的结果。

儒家文化与中国古代官学

一、汉代太学与欧洲的雅典大学同处于最古老地位

当代著名哲学家冯友兰先生（公元 1895—1990 年）曾说，西方人说他们的著名大学有数百年、上千年的历史，而中国人的大学从"京师大学堂"开始，才几十年的历史，这与中华民族的悠久文化传统很不相称。其实我们民族的大学也有几千年的历史，至少可以从汉武帝创建太学开始。冯先生说的是很有道理的。

孟子见梁襄王，梁襄王问孟子："天下要怎样才得安定？"孟子回答："天下归于一统，就会安定。"梁襄王又问："谁能统一天下呢？"孟子又答："不好杀人的国君就能统一天下。"

孟子主张统一，但反对用战争、用武力以求统一，号召诸侯讲仁爱、行仁政而完成统一。这就是儒家的观点。

然而秦始皇还是依照法家的思想学说，依靠战争横扫六国，统一中华，夺取全国政权，建立起封建专制主义的中央集权制度。应该说法家的思想学说和政策对秦的统一做出了历史性的贡献。但秦王朝建立之后，很快地暴露了法家思想学说的问题：强调对立项的冲突斗争，绝对地排除了仁义而峻法严刑，专讲

术势的高压诡诈手段，加上沉重的劳役以及后来的"焚书坑儒"，统一思想的残酷性，统一办法的残暴性，对广大劳苦大众与知识分子进行残酷的剥削欺凌，这种绝对的压迫，激化了社会矛盾，削弱了秦王朝的统治基础，加速了秦的灭亡。

西汉初年，汉高祖刘邦不废秦代挟书之律，蔑视儒学和儒生。儒家学术源流几乎断绝，除了叔孙通略定礼仪的事例之外，不见儒家有什么活动。博士制度在汉朝依然存在，高祖曾以叔孙通为博士，汉文帝曾以申公、韩婴、公孙臣等人为博士，但是博士人数不多，不过具官待问而已，不受当世的重视。陆贾（约公元前 240—前 170 年）受高祖之命，著文 12 篇，总结秦亡汉兴的经验教训，依据黄老学派的观点，提出了"无为而治"的主张。为了避免重蹈秦的覆辙，提出"反秦之弊，与民休息"，建议"行仁义，法先圣"，不要用"极武"，不要"用刑太极"，而要文武并用。这 12 篇文章受到高祖的赞赏，令合为一书，命名为《新语》。其"无为而治"的主张，对于国力虚弱的汉初来说，"与民休息"，政治上少讲排场，少兴土木，少动干戈，压缩财政开支，减免人民税收，使农民生活比较安定，社会生产较易恢复，也使汉朝的统治秩序渐形巩固。然而到了文景时期，也暴露了"黄老清静无为之学"的问题，王国势力迅速膨胀凌驾朝廷，商人豪强日甚一日兼并农民，匈奴对汉无休止地慢侮侵掠。所以贾谊（公元前 200—前 168 年）大声疾呼，提出变"无为"为"有为"，力主改革时政，建议削弱诸侯王势力，巩固中央集权；抗击匈奴，巩固边陲；重本抑末，发展农业生产，使无业游民转归农亩。若继续采用"柔弱""无为"的思想，只看到同一性，放弃斗争性，结果处处退让，削弱了中央集权的力量，这也就酝酿着新的社会矛盾，产生新的社会危机。

历史实践证明，夺取政权，横扫六国，法家思想显示了优越性；与民休息，无为而治，恢复社会经济，医治战争创伤，黄老之学也起到了巨大的作用。然而真正巩固政权，维护一统，推动社会全面发展进步，还要靠儒学。

强大的秦之所以速亡，其根本原因是治国的指导思想没有因时而变，与时俱进，即"守天下"时期仍然沿用了"取天下"时期的统治策略。法家思想适合用武力夺取天下，但无助于守成，而儒学"难以进取，可与守成"。故封建大一统国家建立之后，应适时地从"以法治国"转变为"以儒治国"。治国要以道德教化为主，刑罚为辅；要提高官吏的文化道德素养，主张"以士为吏"。法家用"强"，太过，黄老用"弱"，不及。"过犹不及"，都不能正确处理社会矛盾，不能正确解决社会危机。儒家用"中"来调节，主张用"礼"来调节政府与人民的关系，包括统治阶级内部以及统治阶级与人民之间的关系，借以和缓阶级间的斗争性；主张"仁民爱物"，尚德缓刑，薄税敛，缓刑罚，减轻对人民的剥削压迫，借以扩大阶级间的同一性。儒比法家、黄老较为接近社会的实际，也就是较为符合当时中国的国情，从而能在家庭小生产农业为经济本位的社会中保持力量和传统。因之，儒学成为汉以后封建社会长期的政治指导思想，没有一个学派或一个宗教能夺取其正统地位。

同时，这时候的儒学也不完全是先秦时期的原始儒学了。董仲舒根据当时政治的需要，把原始儒学改造成为新的儒学，他发挥了《春秋》"大一统"的思想，认为为了保证政治法纪的大一统，首先必须是思想的统一。他在对答武帝策问时，提出了"罢黜百家，独尊儒术"的主张。他说："《春秋》重视一统，这是天地的不变的原则，是古今共通的道理。如今各位老师所讲的道理彼此不同，人们的议论也彼此各异，诸子百家方向不同，意旨也不一样，所以上面的不能掌握统一的标准，法制屡次改变，在下面的不知道应当怎样遵守。我的意见，以为凡是不属于六艺的科目和孔子的学术的，都一律禁止，不许他们齐头并进。消灭邪僻的学说，学术系统就可以统一，法度就可以明白，人们也就知道所应走的方向了。"于是董仲舒以孔孟仁义为儒学的基本理论，以此为基础，结合春秋公羊学与易经阴阳学的思想，把各家学说，如法家的"法治"思想、墨家的"功利"思想、阴阳家的"五行"思想、道家的"无为"思想以及儒家内部各派——孟子的"性善论"与荀子的"性恶论"等等，在孔子的名义下，在春秋公羊学的名义下统一起来，经过加工改造，融汇了各家各派有利于"一统"的思想，形成了庞大的体系，构建了新的儒学。新儒学有两个鲜明的特点：一是强调"大一统"，二是强调了"天"的绝对权威。这就加强了思想的统一，大大有利于汉王朝的巩固和统一。这就是时代需要儒学，而儒学也适应了时代。

董仲舒的主张改变了汉初黄老的"无为"之计而行"有为"之术，并克服了独任法吏以逼民反的忧患，而行德政以安抚感化百姓的善治，这最适合于加强封建中央皇权和巩固封建制度一统天下的事业。所以汉武帝便在建元元年（公元前 140 年）

接受了他的建议，下令"罢黜百家，独尊儒术"，在朝廷立五经博士，奠定了儒家独尊的局面。自此，国家政策和文化教育皆以儒术为本，儒学成为统一的指导思想，并根据这个指导思想，培养人才，选拔人才，对人民加强思想教化。在这个政策指导下，儒学受到了极大的尊崇，并有了广泛的传播。

国家的统一，经济的发展，新的教学手段——帛和纸作为书写工具的出现，这是汉代学校教育发展的三个基本社会条件。在这三个基本条件的基础上，在汉武帝推动的"独尊儒术"的政策指导下，汉代的官学教育制度已初具规模，逐步形成了儒学独尊的学校教育体系。

汉代官学分中央官学和地方官学两大类。中央官学最重要的是以传授儒家经典为主的太学，由九卿之一的太常实行领导管理。在东汉还曾设有鸿都门学、宫邸学等特殊性质的学校。地方官学按行政区划，分别设立学、校、庠、序等。地方官学则由各级地方行政长官兼管。

汉代学制系统图

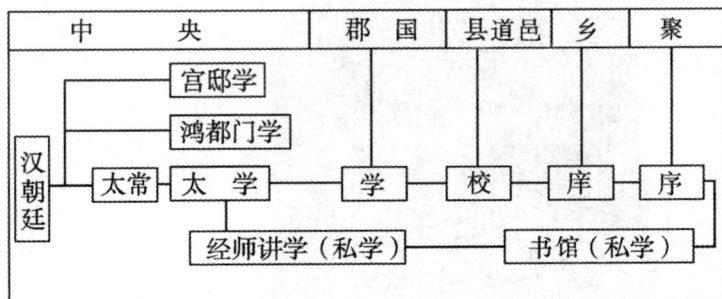

中　　　央		郡　国	县道邑	乡	聚

汉朝廷　—　太常　—　太　学　|　宫邸学　鸿都门学
学　校　庠　序
经师讲学（私学）　书馆（私学）

1. 汉代太学

汉武帝采纳了董仲舒和公孙弘（公元前 200—前 121 年）的建议，于元朔五年（公元前 124 年）下诏在长安设太学，置博士弟子，这便是汉代正式成立太学之始。中国古代传说五帝三代就有大学，但严格说，以传授知识、研究专门学问为主要内容的最高学府，是从汉武帝时创立的太学开始的。所以汉武帝设立太学的举动，在中国文化教育史上，乃至于在世界文化教育史上都有重要意义。太学与欧洲的雅典大学、亚历山大利亚大学同处于最古老的地位。

汉武帝元朔五年创立太学置博士弟子五十人，昭帝时太学生增至百人，宣帝时增至二百人，元帝时增至千人，成帝时增至三千人。据《三辅黄图》说，汉太学在长安西北七里……"有市有狱"。市谓交易买卖，狱谓诉讼，可见当时的太学，规模相当宏大，既有教学区，又有生活商业区，还有处理案件诉讼的治安机关，俨然是一座大学城市的样子了，成为汉代的最高学府。

汉代讲经画像砖

汉代太学的教师是"博士"。"博士"本来是博识多能的文官，战国后期"六国时往往有博士"，其职能是"议政事、备咨询、掌故籍"。汉代太学设立后，"博士"又增加了"太学的教官"这一职能，从事太学的教学工作。"博士"各专一经，或《诗》经，或《书》经，或《礼》经，或《易》经，或《春秋》经，在太学中以专习的一经对弟子们进行传授。"博士"均是当时的名师宿儒，朝廷给予优厚的待遇，学生对"博士"特别尊崇。"博士"通常推一德高望重者为首领，博士首领在西汉时称"仆射（yè夜）"，东汉时改称"博士祭酒"。

西汉时，太学博士由皇帝征召，或由公卿推荐名师硕儒（社会学术名流）充当，人数有严格的限制，经朝廷批准，五经只设 14 位博士，分授鲁诗、齐诗、韩诗、欧阳书、大夏侯书、小夏侯书、大戴礼、小戴礼、施氏易、孟氏易、梁丘易、京氏易、严氏公羊、颜氏公羊。东汉时，开始采用推荐和考试相结合的方式选拔博士。推荐"博士"需向朝廷呈送《保举状》，要求博士具有道德风范，在博通儒学的基础上，对其中一经有精深的造诣，有一定的教学经验，足以胜任博士之职。东汉后期还规定博士年龄在 50 岁以上。

太学的学生初称为"博士弟子"（或"弟子"），东汉时多称"诸生"或"太学生"。西汉时"博士弟子"名额较少，选拔也较严格。除由京都或京郊选拔年龄在 18 岁以上、仪状端正者 50 名作为"博士弟子"的正式生之外，各郡国县可选送优秀的地方上的知识青年，作为非正式的特别生。正式生不仅可以免其赋役，而且还享有一定的俸禄，特别生的待遇稍差。太学生中贵族子弟居多，但也有家境较为贫寒的子弟。

太学生的数目在西汉末年已增至数千，随着学生的不断增加，平帝时，王莽辅政，于元始四年（公元 4 年）为太学生建筑校舍，能容学生万人，这是我国历史上大规模地建筑太学校舍之始，这在世界文化教育史上也是少见的。

东汉时期，光武建武五年（公元 29 年）重建太学于洛阳南门外，太学的规模比西汉更大了。顺帝永建元年（公元 126 年）对太学进行了重修和扩建，用工徒 11.2 万人，建成 240 房，1850 室。其后太学生人数多至 3 万人，京师形成太学区。

太学初建时，学生的名额较少，每位博士只有 10 名左右的学生，采用个别或小组教学。后来太学发展，学生的人数多以百、千计，而博士仅 14 名或更少（最多时也只有 15 名），个别教学的形式已不能适应太学的发展，于是出现一种称为"大都授"的集体上课形式，主讲的博士称为"都讲"。太学的讲堂长 10 丈、宽 3 丈，可同时听讲的人数达数十甚至数百人以上，这说明大班上课的形式已出现。此外，次第相传的教学形式也在太学内出现，以高业生教授低业生，这种方法在私学中早已流传，太学借鉴此法，在一定程度上缓和了教师不足的矛盾。

西汉时出现了用植物纤维造纸的技术，到东汉蔡伦（公元？—121 年）发明了"蔡侯纸"，物美价廉的纸开始流行于世。同时丝织技术也有了极大进步，已能织出薄如蝉翼的绢帛。绢帛的增产和纸的普及，为书写提供了极为方便的条件，用绢帛和纸抄写的经书逐渐增多起来，不仅朝廷有"兰台""石室""广内""延阁"等图书馆，而且太常、太史、博士等也都有藏书，东汉洛阳还有了买卖书籍的"书肆"。书多了，书写方便了。学生听课带有书卷和纸笔，随时可圈点记录，积累了很多资料。学生的学习是以直接间接听讲与自修并重，从时间上来说则大部分时间用于自修。有的太学生利用充裕的自修时间，除正课外还研究其他学问，包括自然科学，而成为著名的学者或科学家。有的学生除在校内听博士讲诵外，还拜校外某经的著名专家为师，如王充曾拜班彪为师，符融曾拜李膺（公元110—169年）为师，后来他们都成为有卓越成就的学者。

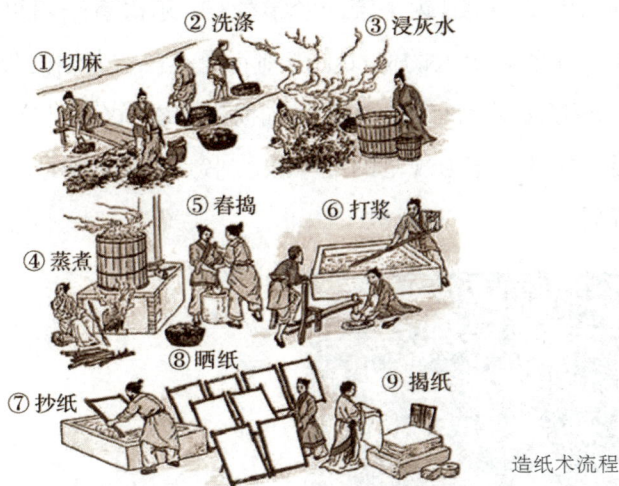

造纸术流程

太学以儒家经典为教材。西汉末出现古文经与今文经之争。今文经以当时通行的隶书书写，古文经晚出，以战国时古文字书写。同时经文的字句、篇章及解说也有差异。今文经得到政府的支持，在太学中设立的博士都是今文经博士。古文经只在民间私学中传授。当时书籍甚少，学者难得，训诂句读皆靠口授，故博士讲解经书重视传授关系，形成了师法和家法。某一经的大师，如得到朝廷赏识，被立为博士，这位大师的经说便成为师法。如果大师的弟子，其后对师说有所发展，自成一家之言，再传下去，便是家法。先有师法，后有家法。师法是源，家法是流；师法是干，家法是枝。汉代太学博士各以师法、家法教授弟子，同是一经有了不同的解释，在学术上就产生了不同的学派。如自立门户，各家对经书章句纷纷进行详细解说，甚至不惜以几万字或十几万字去解释一章、一句或一个典故。有人讽刺这种动辄几万字的解经方法，"博士买驴，书卷三纸，未有驴字"，正是这种情况的写照。为了统一经学教材，东汉熹平四年（公元175年）在蔡邕等人的倡议下镌刻石经，立于太学门外，共达46枚。石经上镌刻有《尚书》《周易》《春秋公羊传》《礼记》等经的本文，作为规范的经学教科书。这是中国最早的官定经籍石刻。

熹平石经

太学的教学制度并不严密，没有规定具体的学习年限，也不注意考勤，但是非常注重考试，用考试来督促和检查学生的学习成绩。太学建立之初，汉武帝规定用"设科射策"的方法，每年考试一次，称为"岁试"。所谓"射策"，即抽签口试问答；所谓"设科"，是按试题的难易深浅划分的不同的科别等级，分为甲科、乙科（有时还分为甲、乙、丙三科）。学生可抽签应试，签上写有试题。最后按考生所取得的实际等级授予不同的官职，如甲科为郎中，乙科为太子舍人，丙科为文学掌故。经考试，发现有不合格或不能通一经的学生，即令退学。西汉一年一试，东汉则基本上是两年一试，不限制录取名额，根据通经的多少，授以不同的官职。已授官的和不合格的两年后还可再试。有的学生有屡试不第的，甚至有年过60岁还留居太学的，所谓"结童入学，白首空归"，则是对这种状况的真实写照。

汉代太学确也为国家培养了不少人才，并有一些出身卑微的布衣寒士由此而显名。如匡衡"从博士受《诗》。家贫，衡佣作以给食饮"。儿（ní 倪）宽"贫无资用，尝为弟子都养"，以为同学烧饭来换取读书的机会。又如翟方进家境贫寒，其母跟他一同去长安"织履"，以供方进读书。匡衡、儿宽、翟方进均以"射策甲科"而荣擢。匡衡、翟方进为布衣丞相，儿宽官至御史大夫。出身微贱而入太学者不乏其人，太学也确为门第低下却勤奋好学之士开辟了一条入仕之路。

太学生也关心政治，参与政治活动。西汉哀帝时，博士弟子王咸曾聚集太学生千余，以图解救执法不阿、常上书谏争的司隶校尉鲍宣。东汉晚期陈蕃、李膺等人反对宦官的黑暗统治，得到了太学生们的支持和响应。于是太学生也成为宦官打击的对象，不少太学生遭到迫害，熹平元年（公元172年）太学生被宦官逮捕和囚禁者达一千余人。

2．鸿都门学和宫邸学

鸿都门学创设于东汉灵帝光和元年（公元178年），因校址位于国都洛阳的鸿都门而得名。鸿都门学在性质上属于一种学习和研究文学艺术的专门学校，规模曾发展到千人以上。由于东汉后期宦官集团的政治势力膨胀，宦官集团投汉灵帝所好，怂恿灵帝办鸿都门学，利用教育培养拥护自己的知识分子，专以尺牍、辞赋、字画作为教学和研习的内容，毕业后多封以高官，因此受到当时官僚集团和太学生的反对。鸿都门学的设立，在政治上代表腐朽反动的宦官集团的利益，但在文化教育的发展史上仍有其独特的价值。首先，它打破了太学只学习研究儒经的传统，以社会生活所需要的诗、赋、书画作为教育内容，这是学校教育的一大变革。其次，鸿都门学是一种学习文艺的专门学校，作为一种办学的新型形式是有意义的。社会需要培养各种人才，需要办各类学校。鸿都门学不仅是中国，也是世界上最早的培养文艺人才的文学艺术专门学校。

汉代的宫邸学可以分为两种：一是政府专为皇室及贵族子弟创办的贵胄学校，如东汉明帝永平九年（公元66年）创设了"四姓小侯学"，所谓"四姓"，即樊、郭、阴、马四大家族，他们都不是列侯，是外戚集团，故称为"小侯"。"四姓小侯学"拥有比太学更优越的设备和师资条件，后来招生有所扩大，不限于"四姓"子弟，甚至还接受匈奴子弟为留学生。二是东汉安帝元初六年（公元 119 年）邓太后（公元 80—121 年）开设"邸第学"，招收汉和帝的弟弟济北王与河间王的子女，且年龄在 5 岁以上的 40 余人，还招收邓家近亲子孙 30 余人，在宫廷中开办，专设教师与保姆，教以经书。每天早晚，邓太后亲自到"邸第"，对孩子们抚育教导，恩宠到了极点，这是中国也是世界上最早的幼儿教育的学校。另外，邓太后临政后，又令宦官、近臣于东观（洛阳宫的殿名），受读经传，若学有所通，即用以教授宫内之人。于是左右侍从均朝夕习诵，学风大盛，使东观这一校书场所同时具有宫廷学校的功能。这是以宫人为教育对象的宫廷学校，是宫邸学的另一种类型。

3．地方官学

文翁石室讲经图

汉代继承了秦代的郡县制，但又保留了西周分封制的残余，即封皇子以王位和土地，被分封给皇子的郡就称为国，郡国是最大的地方行政单位，地方官学又称之为郡国学校。

　　汉代郡国学创始于汉景帝时，蜀郡太守文翁（约公元前180—前120年）到达成都之后，深感蜀地偏僻，文化落后，"有蛮夷风"，便选派属下聪颖吏员十余人，到京师长安向太学博士学习，学成归蜀，委以官职。与此同时，文翁还在成都市中，修筑学舍，设立官学，招收下县子弟入学，毕业后委以一定的官职。数年之后，蜀郡为之一变，可与文化发达的齐鲁之地媲美。这便是中国古代文化教育史上被称颂的"文翁兴学"。汉武帝即位后，曾嘉奖其成绩，下令各郡国依仿蜀郡设立学校。此后，各地方官纷纷在自己的治内设立学校。这是中国古代地方官员在政治稳定、经济发展之后强烈要求建设文化教育大省、大市的历史事例。

　　汉元帝时开始在各郡国设置"五经"百石卒史，实行对地方官学的管理。汉平帝时下令郡国以下的各级行政单位都设立学校：郡国设"学"，县道邑设"校"，乡设"庠"，聚（村落）设"序"。规定"学"与"校"设经师一人，"庠"与"序"设孝经师一人。

　　汉代地方官学的办学目的主要是培养本郡的属吏，同时向朝廷推荐地方学校中突出的优秀人才，通过地方官学定期举行的"乡饮酒""乡射"等传统的礼仪活动，向社会普遍推行道德教化。到东汉时，地方官学发展很快，因此班固在《两都赋》中有"四海之内，学校如林，庠序盈门"的描绘，反映了汉代文化教育发达的景象。地方官学以儒学为教育内容，以推广教化为主要任务，对地方文化教育水平的提高和中华民族共同心理的形成，起了积极的推动作用。

　　《礼记·学记》说："建国君民，教学为先；化民成俗，其

必由学。"儒家认为教育的作用包含相互联系的两个方面：一
是培养国家所需要的人才，特别是管理人才，即培养"干部"；
二是形成统一的社会道德风尚，形成良风美俗，叫作"讲诵弦
歌不衰"，即建立"文明和谐社会"。汉代无论中央官学（朝廷
办的）、地方官学（地方政府办的），还是私学（民间办的）
都体现了上述儒家的办学精神。

二、魏晋南北朝时期官学促进各民族文化教育大交流

自东汉末建安元年（公元 196 年）曹操挟汉献帝迁都于许
昌，到隋文帝开皇九年（公元 589 年），历时 394 年，史称魏
晋南北朝。这是中国历史由统一转为分裂和长期战乱的时期。
长期的动乱影响了学校的正常秩序，这个时期的学校教育时兴
时废，似断又续，废置无常，特别是官学，在数量上大大减少了，
但也出现了一些新型的学校，出现了一些新的特点，国内各民
族的文化教育在这个时期进行了大交流，为形成更伟大统一的
中华民族和文化准备了条件。

1. 三国时期的官学

魏政权建立之初，对文教事业很重视。黄初五年（公元
224年)魏文帝设太学于洛阳,置经学博士,又制定"五经课试法":

规定初入学者为门人（即预备生），学满两年并考试能通一经者称作弟子（即正式生），不通者遣回；弟子学满两年考试通二经者，可补文学掌故的官缺，未能通过考试者，可随下班补考，补考通二经者，亦得为文学掌故；文学掌故满两年并能通三经者，擢其高第为太子舍人，不得第者，也听随下次复试，复试通过者亦为太子舍人；太子舍人满两年并通四经者，擢其高第为郎中，未及格者，亦随下次复试，复试通过者亦为郎中；郎中满两年并能通五经者，擢其高第而随才叙用，不通者亦随下班补考，补考及格者亦叙用。此项法令，规定了太学生的学习内容及定期的考试制度，安排了仕进的梯级，对于太学的稳定和发展，起了一定的积极作用。以通经多少来决定官员升迁的考课制度，在东汉就已制定，当时它只是一种选举制度。魏文帝的"五经课试法"在此基础上形成，但把它的功用已扩充到学校教育中，成为学校教育中的一种考课制度。把学校教育与文官选拔考试统一起来，这是魏的太学教育的特色之一。

在曹魏统治期间，太学一直处于兴办阶段，太学生从黄初年间（公元220—226年）的几百人，增至景元年间（公元260—264年）的3000人。正始年间（公元240—249年）还镌刻古、篆、隶三体石经碑，立于太学门外。

太学以传授儒家经典为主要内容，在魏太学所置的19位博士中，不仅有今文经学博士，还有古文经学博士，而且数量上占多数（占15位）。今古文经学地位的颠倒，也是魏太学的特点之一。

曹魏在教育制度上的新发展是律学的创办。魏明帝太和元年（公元 227 年），尚书卫觊（jì 寄）奏请置律博士，教授刑律，招收律学弟子，这是我国古代法律专科学校的开始。

蜀国刘备在公元 221 年登帝位后，也立太学，置博士学官，教授生徒。吴国孙权在即帝位之后，于黄龙二年（公元 230 年）诏立国学，设都讲祭酒以教学诸子。

魏、蜀、吴三国，为了巩固其政权，各就其国情，采取了一些发展学校教育的措施，但由于战争频繁，政局动荡，加之学官遴选不精，学生择取不严，以及学官升迁及官员考选制度有弊等，所以三国时期学校教育发展的成就是十分有限的，与西汉学校教育发展的兴盛时期相比，这就大大地后退了。

2. 两晋时期的官学

西晋太学是曹魏太学的继续与发展。魏末时太学生为 3000 人，到西晋武帝泰始八年（公元 272 年）时太学生已增至 7000 余人，后虽诏令以通经考试来裁减学生，但仍有 3000 人之多。可见西晋太学的规模仍是相当可观的。

西晋除继续兴办传统的太学外，还创办了一所旨在培养门阀世族子弟的国子学。咸宁二年（公元 276 年）晋武帝下令立国子学，咸宁四年（公元 278 年）确定了国子学的学官制度，置国子祭酒、博士各 1 人，助教 15 人，以教国子学生。惠帝元康三年（公元 293 年）又明确规定官至五品以上的子弟方能入学，而太学则成为六品以下的子弟的求学之所。这是我国古代于太学之外专为门阀世族集团子弟另设国子学之始，也是门阀世族阶层所享有的政治特权在学校教育制度上的反映，亦是西晋教育制度的一个主要特点。国子学与太学的分立，直接影响着南北朝以后的学校教育制度的建设和发展。

东晋刚建立，于建武元年（公元 317 年）在都城建康设立了太学，这是东晋于江左立太学之始。太元九年（公元 384 年）在尚书令谢石的请求下，选公卿 2000 名子弟为学生，增造庙屋 155 间，建国子学于太庙之南。至此，国子学与太学并存的局面首次出现于东晋学校系统之中。不过东晋学校博士人数比西晋少，学生人数也比西晋少，教学质量更下降，其原因主要是由于战乱，加之东晋统治者兴办学校并非通过学校来培育人才，而是想用以粉饰太平，因而学校管理松弛，当权者不学无术，不重视学官的学术成就和教学工作，故而学官中缺乏名师，教学工作进展不畅。

3. 南朝——宋、齐、梁、陈的官学

南朝宋文帝当政的元嘉时期（公元 424—453 年）进行了一系列政治与经济的改革，官学教育也出现了一时的繁荣。元嘉十五年（公元 438 年）文帝征召名儒雷次宗至京师，开儒学馆于京郊鸡笼山，聚徒教授，置生百余人。元嘉十六年（公元 439 年）又使丹阳尹何尚之立玄学馆，太子率更令何承天立史学馆，司徒参军谢元立文学馆。至此，"儒、玄、史、文"四个学馆并列，各就其专业招收学生进行教学与研究。这就是说，这时候研究儒家经典的"儒学"，研究老庄学说的"玄学"，研究古代历史的"史

学"，研究词章的"文学"四个学科并立。这是学制上的一大改革，也反映了当时思想文化领域的实际变化。虽然这些学校存在的时间并不长，但这种分科的教学制度，对于隋唐时代专科学校的发展是有直接影响的，也可以说这是后世分科大学的开端。

南朝齐太祖萧道成年少时曾入雷次宗举办的儒学馆，当他称帝后，于建元四年（公元 482 年）立国学，置学生 150 人，年龄为 15—20 岁之间，设有祭酒、博士、助教，仍沿宋制。齐武帝永明年间是南齐儒教与国学更为兴盛的时期。

南朝梁武帝萧衍是较有作为的统治者，在学校建设方面也很有建树。天监四年（公元 505 年）梁武帝诏开五馆，置五经博士各 1 人，总以儒家经典《诗》《书》《礼》《易》《春秋》五经教授，五经博士各主一馆。五馆招生只问程度，不限门第，不限学生名额，每馆学生都达数百人。五馆之间允许学生自由听讲，这就引入了竞争机制，如严植之（公元 457—508 年）为五经博士，开馆讲授，讲经层次分明，说理透彻，每登讲座，五馆生毕至，听者千余人。学生由馆供给膳宿，定期考试，考试及格者，即委派官职，一时间，好学之士云集京师。

梁武帝天监五年（公元 506 年）又置集雅馆，以招远来的学生，也以儒家五经为讲授内容。天监七年（公元 508 年）诏令兴修国子学，招收皇太子及王侯之子等贵胄子弟入学，也以儒家五经为讲授内容。国子学除用汉晋人所注经典外，梁武帝本人所著《孝经义》《孔子正言》等也置学官，并令学生专门学习。大同七年（公元 541 年）梁武帝又于城西立士林馆，延集学者递相讲述，梁武帝所撰《礼记中庸义》也列为讲述内容之一。士林馆是一个讲学与研究合一的机构。此外，天监四年（公元 505 年）梁还设置律博士，培养法律人才。

值得注意的是，梁武帝时设立的五馆、集雅馆、国子学、士林馆等都是以儒家五经为讲授内容的，但分设并立，以解决不同出身、不同程度的学生的学习需要，这与以前各朝的中央官学是很不相同的。梁武帝对发展地方教育亦很重视，曾派遣博士祭酒分赴州郡立学，如荆州就办起了州学。梁朝的学校教育曾盛极一时，可谓南朝之冠。

南朝陈文帝天嘉元年（公元 560 年）建立国子学，招收王公子弟，皇太子也入学受教，国子学在建制上多因袭梁朝。此外，陈朝还设有太学、律学。但总的趋势是陈朝不如梁朝，学校教育日渐衰落。

总之，在南朝的近 170 年间，学校教育仍处于时兴时废的状态。宋、梁是南朝这个时期统治时间较长、学校教育也较为兴盛的朝代，特别是宋的"四学"、梁的"五馆"各显其特色。而南齐学制多袭南朝宋，南陈则多因南朝梁制。

4. 北朝——北魏、北齐、北周的官学

中国北方自十六国政权以后，相继建立了北魏、北齐、北周王朝，虽都是少数民族统治的政权，但都尊崇孔子，重视儒学，学习汉族传统文化，以期加速封建化的进程。教育的大融合成为民族大融合的一个重要组成部分。

公元 386 年，鲜卑拓跋氏建立了北魏王朝，公元 398 年，

建都平城（今山西省大同市），以传授经学为主的学校教育制度开始建立，于是立太学，置五经博士，学生达千余人。天兴二年（公元399年）增加国子太学生人数，达3000人。明元帝时（公元409—423年）改国子学为中书学，中书学属中书省管辖，学内设中书博士以教授中书学生。中书学的名称为北魏的首创。始光三年（公元426年），太武帝另起太学于城东，于是儒学转兴。太平真君五年（公元444年）下诏令公卿子弟均到太学学习，百工技巧子弟学习父兄专业，禁止私立学校，违者处死。这反映了北魏统治者所重视的教育，只是贵族的教育。这一规定还从客观上限制了私学的发展。

公元471年，孝文帝即位后，加速了封建化过程，儒学得到了空前的重视，学制则趋于完备。太和九年（公元485年）强调皇族的教育，建立了皇宗学，教育皇子皇孙。皇宗学为北魏首创。太和十年（公元486年）改中书学为国子学。太和十七年（公元493年）自平城迁都至洛阳，孝文帝亲赴旧太学，观石经。太和十九年（公元495年）在洛阳立国子学、太学、四门小学，建立了新的官学体系。

此外，北魏还重视地方官学。献文帝天安元年（公元466年）诏立乡学，置博士2人，助教2人，学生60人，这是北魏为州郡立学所订的第一个学令。随即献文帝又令参决大政的高允（公元390—487年）议定了一个更加完备，意在全国普立地方官学的学制，规定：大郡立博士2人，助教4人，学生100人；次郡立博士2人，助教2人，学生80人；中郡立博士1人，助教2人，学生60人；下郡立博士1人，助教1人，学生40人。还规定学官博士与助教都应是博通儒经、德行俊异、堪为人表者。博士应在 40 岁以上，助教应在 30 岁以上，但如学有所长，特别优秀者可不拘年龄，破格录用。学生在选拔的秩序上，则是先高门士族子弟，后中等富户子弟。北魏郡国立学，自此开始，迁都洛阳之后，大体上仍沿此学制。

西汉平帝时曾命令郡国普设学官，但学制并未建立。中国古代郡国学制的建立，应该说是始于北魏。这也是北魏在中国古代学校教育发展史上的贡献。

公元 550 年，北齐政权建立之后，仍实行崇儒兴学的政策，如加封孔子后裔，诏国子学生依旧铨补，研习《礼经》等。北齐有国子寺、太学、四门学。国子寺有祭酒 1 人，博士 5 人，助教 10 人，学生 72 人；太学有博士 10 人，助教 20 人，太学生 200 人；四门学有博士 20 人，助教 20 人，学生 300 人。但实际上北齐只设有国子学，其他学校只是虚有其名罢了。不过北齐在学制上的创造是设置了"国子寺"。"国子寺"负责训教胄子，为统理学官、学生的机构，作为一级教育行政机构的创设，在中国古代学校教育发展史上是有意义的，以后隋唐因袭"国子寺"，后才改名为"国子监"。

北齐也很注重州郡立学。文宣帝即位后就诏令郡国修立学校，广延生徒，以"敦述儒风"，并令在郡学内立孔庙，学官博士以下每月一朝，这为后来在各级学校内普设孔庙开了先河。

北周立国时间不长，但很注重学校教育，学制亦有创新。除设国子学、太学外，还在明帝宇文毓时期（公元 557—560 年）设立了进行文学教育的"麟趾学"，集公卿以下有文学者 80 余人于麟趾殿,学徒颇盛。麟趾学的设立与明帝本人雅好文史是分不开的。
此外,在武帝天和二年(公元567年)设立了"露门学","露"即"路",露门为古代王侯宫廷最里层的门, 亦称为"虎门"。露门学有文学博士4人, 露门博士下大夫、露门学士若干人, 学生72人。北周统治者对露门学颇为重视。在武帝建德三年(公元574年)还设有"通道观",其性质与南朝宋设的"四学"中的"玄学馆"相似。

北周时期, 亦曾设置郡国学校, 州县亦有学生。根据北周官制规定, 各县视其大小都设有相当品级的县学博士。

三、隋唐时期官学制度完备，留学生教育成功

1. 隋代的官学

隋(公元581—618年)结束了长达390多年的社会动乱, 实现了南北统一。隋初, 隋王朝为革新政治、扭转社会风俗, 重视对管理人才的培养, 注意官学的建设和发展, 从中央到地方政府广泛地建立了官学。朝廷设立了国子寺, 置祭酒, 国子祭酒总管全国上下的官学教育工作, 这是我国历史上设立专门教育行政管理部门和设置专门的教育长官之开始。在国子寺下设立五学: 国子学、太学、四门学(各有博士5人, 助教5人)、书学、算学(各有博士2人, 助教2人)。五学学生合计980人。前三者是儒学, 学习内容是儒家经典; 后二者以教授专科知识为主, 属专门学校, 标志着隋代专科学校的多样化。当时, 还

有些专门学校与行政业务机构结合在一起，尚未分离。如在大理寺中，设律博士 8 人，教授若干学生；在太常寺下属的太医署，设医学博士、按摩博士、咒禁博士、药园师等，教授若干学生；在太仆寺中设有兽医博士，教授若干学生；在秘书省属下的太史曹，设天文、历法、漏刻博士，教授若干学生等。这表明专门学校的设置已有多种多样的形式，为以后各种专科学校的发展奠定了基础。

隋炀帝

隋炀帝大业三年（公元 607 年）改国子寺为国子监，成为独立的教育领导管理机构，国子祭酒作为教育行政长官。国子监的名称一直沿用至清朝。

隋代地方学校也有发展，特别是黄河中下游一带的州县，学校教育的发展较快，讲诵之声不绝，出现了初步繁荣的局面，但边远州县仍处于落后状态。后因隋炀帝对内横征暴敛，对外穷兵黩武，致使国内各种矛盾日益激化，"戎马不息，师徒怠散"，学校教育也随之衰落下去了。

2. 唐代的官学系统

唐代（公元618—907年）继承和发展了隋代的学校教育制度，在政治统一、经济繁荣、文化科学水平发达的基础上，经过百余年的经营和发展，学校教育制度已相当完备，在中国和世界学校教育发展史上占有重要的地位。

唐代由中央直接设立的学校有"六学""二馆"。中央六学属于直系，包括国子学、太学、四门学、书学、算学、律学。"六学"隶属国子监，长官为国子祭酒。国子学、太学、四门学属大学性质，书学、算学、律学属专科性质。"二馆"是崇文馆和弘文馆，属于旁系。弘文馆归门下省直辖，崇文馆归东宫直辖。皇族子孙另立皇族小学。

从贞观至开元，国力最强盛，也是学校最发达的时期。唐太宗时于国学增筑学舍至1200间，各学学生达2260人。兴旺发达的文化教育事业，不但统一了人们的思想，促进了唐代统治的稳定，而且使唐朝成为世界文化交流的中心之一。当时四方儒士云会京师。四邻如高丽、百济、新罗、高昌等国，相继遣子请入国学。文成公主入藏后，吐蕃赞普慕唐文化，遣贵族子弟至长安，入国子学学《诗》《书》等。内外诸生，鼓箧而升讲筵者，至8000人，济济洋洋，盛况空前。

在唐代，还有地方设置的学校。各府有府学，各州有州学，各县有县学，县内又有市学和镇学。所有府、州、县、市的学校统属直系，由地方教育长官长史主管。地方学校的实际发展，是在贞观年代。公元629年，唐王朝还命令州设医学，这在中国历史上也属首创。到了开元年间（公元713—741年），府、州、县学已具有一定的规模并形成相对完备的制度。开元二十八年（公元740年）唐有328个府州，1573个县。府学可收儒经学生50—80名，医学生12—20名；州学可收儒经学生40—60名，医学生10—15名；县学可收儒经学生20—40名。这样规模的学校网，在中国历史上是空前的，在世界上也是独一无二的。

当时的渤海（现吉林地区）、高昌（现新疆吐鲁番地区）、吐蕃（现西藏地区）等都派遣子弟到长安学习，附国子学读书，学成返回，再换一批学生，持续时间较长。南诏（现云南大理地区）派遣子弟到成都学习，人数、次数都较多，学成而归的有数百人。这说明唐朝与周边少数民族地区积极进行了文化教育的交流。

唐代尊崇道教，不仅在中央设置了崇玄学，隶属于尚书省祠部，而且各州也建立了崇玄学，设玄学博士1人，讲授《老子》《庄子》《列子》和《文子》等道教经典，学生毕业后可参加道举考试。

唐代官学系统图

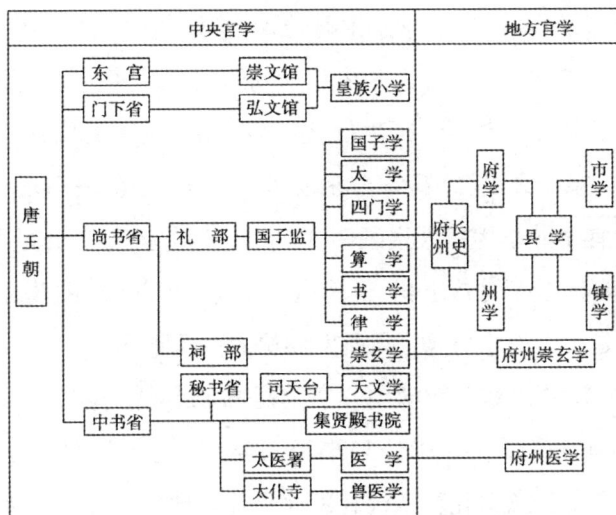

中央官学	地方官学

唐王朝
- 东宫 → 崇文馆
- 门下省 → 弘文馆 → 皇族小学
- 尚书省 → 礼部 → 国子监 → 国子学／太学／四门学／算学／书学／律学
- 祠部 → 崇玄学 → 府州崇玄学
- 秘书省 → 司天台 → 天文学；集贤殿书院
- 中书省
- 太医署 → 医学 → 府州医学
- 太仆寺 → 兽医学

府长州史 → 府学／州学／县学 → 市学／镇学

3．唐代官学行政管理与制度

（1）**入学的身份与名额** 弘文馆与崇文馆属皇亲国戚贵族学校，招收皇帝、太后、皇后亲属和宰相等高级官员的子弟50名。国子学招收文武三品以上高级官员的子弟，限300名。太学招收文武五品以上官员的子弟，限500名。四门学招收文武七品以上官员的子弟，限500名，亦招收地方庶民中的俊秀青年，限800名。地方官学主要招收地方官员及中小地主的子弟。

（2）**入学年龄及学习年限** 入学年龄一般限于14—19岁之间。学习年限没有具体规定，一般取决于学经数目与考试能否合格。

（3）**入学手续及仪式** 凡贵族、高级官员家庭出身的子弟及科举考试下第的举人，可直接进入中央官学各学馆学习。凡地方官学经考试合格的，县学学生可升入州学，州学学生中优秀者，经各州长史考选，也可升入中央官学的四门学。学生入学后一切饮食服用皆由学校供给。师生初次见面，举行隆重的仪式，献礼拜师，行"束脩之礼"，国子学和太学学生每人送绢三匹，四门学和地方官学的学生每人送绢两匹。此外还赠送酒肉，分量不限。学生的"束脩之礼"分成五份，三份送给博士，两份送给助教。行"束脩之礼"是表示学生尊师，与所发俸禄的性质不同。

（4）**教学计划** 教学内容主要是儒家经典，按文字多少，把儒家经典分为大经、中经与小经三类。《礼记》《左传》要学三年，《诗》《周礼》《仪礼》《易经》要学二年，《尚书》《公羊传》《穀梁传》要学一年半，《论语》《孝经》要学一年。大经和中经是分班必修的，小经作为选修，《孝经》《论语》作为公共必修课。教材由朝廷规定，用孔颖达等编的《五经正义》。学生除学习儒经外，还要学习书法及各项礼仪。

（5）**学校行政管理** 国子监设祭酒1人，从三品，是朝廷任命的教育行政最高长官；设司业2人，从四品下，助祭酒掌邦国儒学训导之政令；设丞1人，从六品下，掌管学生的学业成绩；设主簿1人，从七品下，负责文书簿籍，掌管印鉴。凡学生有不率教的，连续下第或九年在学无成者，过假期不返校或作乐杂戏、违犯校规者，都要开除其学籍。

（6）**教师与教法** 教师有博士、助教、直讲等。博士分经授诸生，要把所担任的科目授完，不得中途改授其他科目。助教佐博士分经教授，直讲佐博士、助教分经教授。博士、助教既是学校教师，又是政府官员。他们在校教职的大小以在政府里所属职位的高低为标准。如国子学博士须有正五品以上的资格，助教须有从七品以上资格。其他各校（太学、四门学等）的教师等级和待遇依次减等。教法为分经教授，有读有讲，有不少博士博学善讲，如徐文远博士"多立新义""博而且辨"，"听者忘倦"。各校要求学生一经习毕方许习另一经，读熟经文之后方可教授文义。

（7）**考试、升学和假期** 考试有旬考、月考、季考、岁考等名目。方式有试读（帖经）和试讲（口义）两种。平常考试由博士主持，岁考则由主管的长官领导。学生成绩作为升进的依据。学生已通二经或三经，经考试合格，可参加科举考试；愿留监者，可以升退，四门学生可升补太学生，太学生可升补国子学生，不过这种升格法并非表明学生的学业程度加深，只表示其政治地位的提高和经济待遇的改善而已。学生中有以下三种情况则令其退学：成绩太差，连续三年考下等，在学校时间已超过9年；品德不好，不听教导；旷课太多，超过规定。假期分为旬假（10天休1天）、田假（五月）、授衣假（九月）。田假和授衣假各15天，让学生回籍探亲，其回籍路程若超过200里，则按路程远近酌予延长。

4．唐代的专门学校

（1）**律学** 培养熟识唐代律令的行政官员。有博士3人，助教1人，学生50人。八品官员以下子弟或庶民中的俊秀青年可入学。入学年龄放宽至 25 岁。课程以现行的律令为主要内容。学习年限为 6 年。

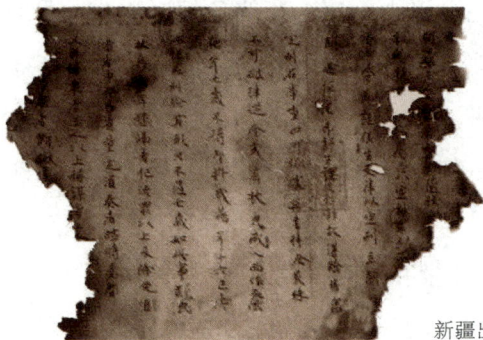

新疆出土的《唐律》残片

（2）**算学** 训练天文历法、财政管理、土木工程方面的人才。有博士 2 人，助教 1 人，学生 30 人。入学身份同律学，年龄限在 14—19 岁。分两个专业：一是以学古典算术为主，如《九章算术》《孙子算经》等；二是以学当代算术、实用性强的算术为主，如《缀术》《缉古算经》等。两个专业各学习 7 年，且在学时间以 9 年为限。这反映出当时算学教育水平是很高的。

（3）**书学** 训练通晓文字并精于书法的官员。有博士 2 人，助教 1 人，学生 30 人。入学身份与年龄同算学。课程以《石经》《说文》《字林》为主，其他字书也兼习之。在学以 9 年为限。

（4）**医学** 培养掌握传统中医药知识技能的人才。医学分医、针、按摩、药等 4 个专业。医学专业以《本草》《脉经》为必修课程，包括以下五种：体疗（修业 7 年，相当于内科），疮肿（修业 5 年，相当于外科），少小（修业 5 年，相当于儿科），耳目口齿（修业 4 年，相当于五官科），角法（修业 3 年，如拔火罐等疗法）。针学专业教学生了解经脉和穴位，熟识各

种症候，掌握九种针法的运用，学习《黄帝内经》《明堂》《脉
决》《神针》等。按摩专业教学生消息导引之法、治损伤折跌

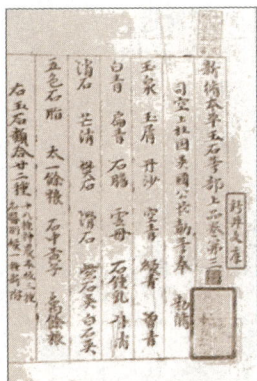

唐代药书《新修本草》

之法，学会治疗风寒暑湿饥饱劳逸等八项疾病，并兼习正骨术。药学专业与药园设在一起，教学生识别各种药物，掌握药材的种植、收采、贮存和制作等技术，教学与劳动相结合。总之，医学重视精读"医经"，教学联系实际，注重见习实习，并根据实习成绩和疗效来决定工作的分配，这是很好的教育方法。唐代已具有丰富的医学知识和较高的医疗技术，具备了普遍设置医学校的条件，这在当时是走在世界前列的。

（5）**兽医学** 教授治疗牲畜疾病的知识和技术，边学习边参加治疗，考试合格者补为兽医。

（6）**天文学** 分三个专业教学——天文、历法和漏刻，重视观测，边实践边教学。学生由博士带领参加业务实践。如唐玄宗时僧一行等曾率领天文历算学生测量南北十三个地点的日影长短，求子午线和长度，相当于当今的野外专业实习。

（7）**音乐学校** 培养音乐、舞蹈艺术人才。由乐博士对长

期常备的乐工和短期轮番的乐工分批教学，每批再按所习乐曲的难易分三档进行教练，每年考试，根据演奏、表演功夫的熟练程度，评定优劣，然后累计成绩，决定升退。

唐代歌舞像

（8）**工艺学校**　由技艺最高的巧手任师傅来教授生徒，各种工艺难易不一，训练期限也不同。学精细雕刻镂花的 4 年，学制造车轿、乐器的 3 年，学制作大刀长矛的 2 年，学制箭及竹工、漆工、屈柳的各 1 年，学做礼帽、头巾的 9 个月。制造的器物上刻上工匠的姓名，作为鉴定考核的依据。

以上的专门学校，范围广、门类多，有的与行政或业务部门结合，有的则分离设置，其设置的形式呈现多样化，唐代专科学校类型、数量之多，涉及面之广，远胜于前代。这也属世界上最早出现的实业专科学校，而欧洲这类学校的出现，是在资本主义已相当发达的 17—18 世纪，比唐代晚了近千年。

5．唐代的留学生教育

唐代国力强盛，国都长安不仅是全国政治、经济、交通、文化的中心，而且也成为东西各国文化教育交流的集中点。新罗、百济、高丽（今朝鲜半岛）、日本、泥婆罗（今尼泊尔）、天竺（古印度别称）、林邑（今越南中部）、真腊（今柬埔寨）、诃陵（今印尼爪哇）、骠国（今缅甸卑谬）和师子国（今锡兰）等国仰慕唐代高度文明，不断派遣大批学生留学长安，学习中国的经、史、法律、礼制、文学和科技。

日本是派留学生来中国学习次数、人数较多的国家。公元600年日本向隋朝派出了第一批遣隋使，自此以后，一直到894年，日本向中国共派出4次遣隋使和19次遣唐使（实际成行的遣唐使为12次）。遣隋使的组织规模比较小，而遣唐使的组织规模却越来越大，特别是第九次遣唐使以后，遣唐使船由2艘增为4艘，每次人员增至500人左右，各种人员齐备。更重要的是，日本朝廷在这个时期开始直接向中国派遣留学生和学问僧。这些留学生和学问僧负有向中国学习的重要任务，在中国学习的时间都比较长，像高向玄理、南渊请安就留学达32年。吉备真备于唐开元四年（公元716年）就学于长安太学，历经20年，研究经史，学涉众艺，阴阳历算、天文算术皆能通晓。回日本后，他不仅参加制定各种律令礼仪制度，而且还在大学寮里担任职务，授经讲学，对传播唐代先进文化，确立律令制度、教育制度做出了重大贡献。菅原梶（wěi 尾）成在唐朝学习医术后回国任针博士、侍医等重要职务，对当时日本医学教育的发展起了很大的促进作用。阿倍仲麻吕随第八次遣唐使入唐时只有 16 岁，在太学里学习几年后参加科举考试，进士及第后，一边留学，一边担任唐代官职，官至秘书监（相当于国家图书馆馆长）。他深谙唐诗，经常以诗会友，当时有名的诗人李白、王维、储光羲都是他的亲密朋友。后来，他改名为晁衡。晁衡返回日本时，王维写了一首《送秘书晁监还日本国》的诗：

> 积水不可极，安知沧海东。
> 九州何处远，万里若乘空。
> 向国唯看日，归帆但信风。
> 鳌身映天黑，鱼眼射波红。
> 乡树扶桑外，主人孤岛中。
> 别离方异域，音信若为通。

后来晁衡的渡船在海上遇险，消息传到长安，朋友们以为他死了，十分悲痛，李白还写了一首《哭晁卿衡》的诗：

> 日本晁卿辞帝都，征帆一片绕蓬壶。
> 明月不归沉碧海，白云愁色满苍梧。

李白与晁衡

　　李白这首诗表达了对朋友深切的哀思。其实晁衡并没有死，他随破船漂到越南，又辗转返回了长安，仕唐终身，直到逝世。他先后在中国生活了54年，为中日文化教育交流做出了很大的贡献。

　　新罗也是不断派来留学生的国家。如开成五年（公元840年）仅一次就有105名留学生从中国回到新罗。从9世纪到10世纪中叶约150年间，新罗留学生在中国科举考试及第的就有90余人。其中有个留学生叫崔致远，12岁来唐朝学习，18岁举进士，他的《桂苑笔耕集》直到现在还在中朝两国流传。新罗重视中国的经史，留学生带回经史书籍皆译成新罗语，广为流传。新罗因受唐朝文化教育的影响，还建立了以唐朝为蓝本的教育制度和科举考试制度，并把儒家经典作为考试的内容。

　　唐朝对友好国家派来的留学生，在学习和衣食住方面，给予优惠待遇。当时与唐通使的有70多个国家。唐的文化通过留学生的来往而传播东西方各国，因而留学生在唐与各国发展友好关系、开展文化教育交流中起到了桥梁作用。

　　在唐代，留学生的往来促进了中国与各国的双向的文化交流。在长安留学的学问僧很多，有印度和波斯的，也有日本和朝鲜的。据史书记载，印度来唐参加译佛经的学问僧就有20余人。学问僧除了在中国佛教译场译经和传播佛教外，还学习中国传统文化。印度学问僧精通医学，尤善治眼病，他们热心传授医学知识和治疗技术。在唐代，印度、波斯（今伊朗一带）等国的医学知识传入中国，丰富了中国医学宝库。印度医学书籍《龙树菩萨药方》《婆罗门药方》《婆罗门诸仙药方》等都是在隋唐时传入中国的。唐时侨居中国的波斯学者著有《海药本草》。大秦

（东罗马）的医术也为唐时人所熟知。印度的天文学者学成后，在长安司天台担任职务，参加历书的编制工作，并翻译了印度《九执历》。

许多中国僧人到印度、巴基斯坦、尼泊尔等国求经礼佛，有的僧人在外国研习佛经多年。唐玄奘法师（公元602—664年）从西域归国，从印度取回佛经657部。他在长安组织专门机构翻译，20年中译出75部、1335卷。义净法师（公元635—713年）从印度取回经、律、论约400部，回到洛阳，武则天亲自迎接，旋即从事译经。佛教的传入和被吸收，对中国古代的宗教、政治、经济、文化、思想等都产生了深远的影响。佛经中的思辨哲理与注经方法，对唐宋经学产生了巨大影响。后来佛经又通过中国传入日本、朝鲜等国，影响了东亚文明体系。唐代的音乐、舞蹈、雕塑、建筑艺术随着留学生教育和文化交流，深受西域、中亚特别是印度的影响。敦煌雕塑受西域传统的佛像雕塑艺术影响很深。

总之，广泛学习，互取精华，这是

玄奘法师

唐代留学生教育的一大特点。纵观世界古代教育史，像唐代这样的留学生教育规模是罕见的。所以我们说，唐代的留学生教育是相当成功的，它不仅具有深远的历史影响，而且具有重要的文化价值。

　　此外，除了外国向唐朝派遣留学生、学问僧外，还有一些献身文化教育交流事业的中国人到外国去传播中国文化。如袁晋卿，公元735年随遣唐使到日本，由于他"善《文选》《尔雅》音"，到日本后被任命为大学音博士，为中国传统文化在日本的传播作出了重大贡献。更值得称赞的是鉴真和尚（公元688—763年）的东渡日本。公元743—753年间他经历了五次东渡失败，且双目失明，但仍不灰心，终于在第六次东渡日本时获得成功。他在日本除了为上至日本天皇、下至平民百姓授戒传教之外，还凭着自己的医药知识，用鼻嗅口尝的办法，为日本校正了许多种中草药，促进了日本医药事业的发展。他监建的唐招提寺，把中国古代的建筑风格传到了日本。后来他圆寂东土，把自己的一切都奉献给了中日文化交流事业，在发展日本佛学、医学、雕塑、美术和建筑等方面作出了重要的贡献。

鉴真和尚

四、宋辽金元时期的官学教育改革

1．宋朝官学的三次兴学

公元960年，赵匡胤发动"陈桥兵变"，建立了宋朝。宋朝分为北宋（公元960—1127年）和南宋（公元1127—1279年），共320年。与此同时，在北方的契丹族与女真族，也先后建立起了辽（公元916—1125年）与金（公元1115—1234年）两个政权。后来蒙古族又相继灭金和南宋，建立了全国统一的政权——元朝（公元1271—1368年）。

宋初，朝廷过于重视科举考试制度，而忽视兴建学校培养人才。一些有识之士认为只注重科举考试而不注重学校教育，就如同不问耕种而只求收获，那是不行的。于是自庆历四年（公元1044年）后，宋朝先后兴起了三次著名的学校改革运动。

范仲淹

第一次官学教育改革，史称"庆历兴学"，时间是宋仁宗庆历年间，主持人是范仲淹（公元989—1052年）。他任参知政事，实行"庆历新政"，提出十项改革方案，要求兴学育才，改革不重学校教育只重科举考试的做法。主要内容有三项：一是通过兴办学校来培养人才，下令州县立学，并改进太学与国子学，凡参加科举考试的人须先接受一定时间的学校教育，一般考生须在学校学习 300 天以上才准许参加科举考试。二是通过改革科举考试制度来整顿吏治，规定科举考试先考"策"，次考"论"，再考"诗赋"，不再考死记硬背的帖经（填空）、墨义（问答）。三是创建太学并改革太学教学制度，推广著名教育家胡瑗（公元 993—1059 年）所创立的"苏湖教法"。所谓"苏湖教法"，其做法是设立"经义""治事"两斋，分斋教学。入"经义"斋的学生，主要学习儒家经典著作。入"治事"斋的学生，主要学习军事、民政、农田水利、测量计算等等。学生可先确定一个主修学科，然后再选一个副科，一主一副，可使学生学得广、深、新、活，扩大知识面。这种经义与实践并重，因材施教与学友互相切磋相结合的方法，大大提高了太学的教学质量，改变了当时空疏的教育内容和形式主义的学风。

"庆历兴学"虽然由于范仲淹不久被排挤出朝廷而宣告失败，但它毕竟对北宋时期学校教育事业的发展起了促进作用，且其余波一直荡漾不息。

第二次官学教育改革，史称"熙宁兴学"，时间是宋神宗熙宁年间，主持人是王安石（公元 1021—1086 年）。他任参知政事，后拜同中书门下平章事，在神宗的支持下，推行"熙宁新法"。王安石认为造就人才、统一思想，是实行新法、长治久安的首要条件，这就需要改革学校教育及科举考试制度，使之适应于造就人才。主要内容有四项：一是改革太学，创立"三舍法"。所谓"三舍法"是将太学分为外舍、内舍和上舍三个程度不同、依次递升的等级，太学生相应分为三部分，初入太学者，为外舍生，每月考试一次，每年举行一次升舍考试，成绩获得

王安石

第一、二等者，再参酌平时行艺，升入内舍学习，为内舍生。内舍每两年举行一次升舍考试，成绩为优、平两等者，再参酌平时行艺，升入上舍学习，为上舍生。上舍每两年举行一次考试，考试方法与科举考试"省试法"相同，太学学官不能参与，而由朝廷另委考官主持。成绩评定分为三等：平时行艺与所试学业俱优为上等，一优一平为中等，全平或一优一否为下等。上等者免殿试，直接授官；中等者免礼部试，直接参加殿试；下等者免贡举，直接参加礼部试。"三舍法"是在太学内部建立起严格的升舍考试制度，对学生的考察和选拔力求做到将平时行艺与考试成绩相结合，学行优劣与对他们的任用相结合。这有利于调动学生学习的积极性，提高太学教学质量；同时又把上舍考试与科举考试结合起来，融培养人才与选拔人才于太学，提高了太学的地位。这是中国古代太学管理制度上的一项创新。二是恢复和发展州县地方学校。三是恢复与创立武学、律学、

医学等专科学校。四是编撰《三经新义》，对儒家经典《诗经》《尚书》《周礼》三经重新训释，书成后颁发给太学与诸州府学作为统一教材，而且也是科举考试的基本内容和标准答案。此外，王安石还对科举考试进行了改革，曾下令废除了明经诸科，进士科举考试，试以经义、论、策，不再考诗赋、帖经、墨义。

"熙宁兴学"也同样因为王安石被逐出朝廷而半途夭折，但他使北宋教育事业向前推进了一大步，并对后来的学校教育改革产生了深远的影响。

第三次官学教育改革，史称"崇宁兴学"，时间是宋徽宗崇宁年间，主持人是蔡京（公元1047—1126年）。他任尚书右仆射，秉承徽宗旨意，希望继承"熙宁新法"来挽救北宋统治危机，恢复和发展了"熙宁兴学"的某些措施，主要内容有五项：第一，全国普遍设立地方学校。第二，建立县学、州学、太学三级相联系的学制系统。规定县学生考选升州学，州学生每三年根据考试成绩升入太学不同的斋舍。成绩上等者升上舍，中等者升下等上舍，下等者升内舍，其余升外舍，这种学制系统对元、明、清的学校产生了深刻影响。第三，新建辟雍，发展太学。辟雍也称为"外学"，作为太学的外舍。第四，恢复医学，创设算学、书学和画学。第五，罢科举考试，改由学校取士，这是对取士制度的重大改革。

上述北宋三次官学教育改革，虽前两次均未能取得预期的效果，但都不同程度地将北宋的学校教育事业向前推进了一大步。第三次官学教育改革的主持人是蔡京，此人以复新法为名，排斥异己，加重剥削，大兴土木，挥霍浪费，被称为"六贼"之首。

但他在执政任内，大事兴学，力主学校改革，对宋朝的学校教育事业的发展起到了促进作用。因此，这三次官学教育改革是宋朝"兴文教"政策最直接，也是最重要的体现。

2．宋朝的官学教育体系

（1）**中央官学**　国子学亦称国子监，既是宋朝最高教育管理机构，又是最高学府。国子学招收"京朝七品以上子孙"为学生，称国子生。

太学的地位比国子学低，招收八品以下子弟或庶人之俊士为学生。设立的时间也较迟，但办理得比国子学有成效，它是宋朝兴学育才的重点，也是中央官学的核心。

辟雍是太学的分校，亦称"外学"。

四门学、广文馆——这两种学校都是为了士子准备参加科举考试而设立的预备学校，招收八品至庶人子弟为学生。

岳飞

武学是宋朝最早设立的专科学校，习诸家兵法，步骑射，分上、内、外三舍，学生 100 人。宋朝重视武学，是由于当时外患侵逼，需要国防人才，并在长期的教育实践中，积累了办理武学、培养军事人才的经验。在中国学校教育发展史上，培养军事人才的武学始设于宋朝，并对后来元、明、清的学校教育产生了深刻影响。

律学在宋朝也颇受重视，为宋朝培养了不少法律人才。

医学设置较早，分设三科——方脉科、针科和疡科，学习内容各有侧重。方脉科以《素问》《难经》《脉经》为大经，以《巢氏病源》《龙树论》《千金翼方》为小经。针科、疡科去《脉经》，而增《三部针灸经》。设教授 1 人，学生 300 人。

算学招收命官及庶人为学生，定额 210 人。教学内容为《九章》《周髀》及历算、三式、天文等。

书学学生不受出身的等级限制，亦无定额，主要学习篆、隶、草三体，同时须明晓《说文》《字说》《尔雅》《博雅》《方言》等。考试分为上中下三等："以方圆肥瘦适中，锋藏画劲，气清韵古，老而不俗为上；方而有圆笔，圆而有方意，瘦而不枯，肥而不浊，各得一体者为中；方而不能圆，肥而不能瘦，模仿古人笔画不得其意，而均齐可观为下。"

画学开设佛道、人物、山水、鸟兽、花竹、屋木等专业课程，学生除学习这些专业课之外，还必须学习《说文》《尔雅》《方言》《释名》等。作画考试的评分标准是："以不仿前人，而物之情态、形色俱若自然，笔韵高简为工。"

宋朝重视书学与画学，与宋徽宗赵佶（公元 1082—1135 年）有关，因赵佶擅长书法，自成一体，称"瘦金体"，并工画，擅长山水、花鸟、人物、鞍马、禽兽等。由于宋徽宗倡导，书学、画学办得颇有成效。

徽宗花鸟图

此外，宋朝还有专为教育宗室子孙而设立的贵胄学校，如资善堂、宗学、诸王宫学和内小学等。

（2）**地方官学**　宋朝的地方行政分为三级：第一级为路，第二级为州、府、军、监（一般设州或府，特殊情况才设军、监），第三级为县。各路不直接设置学校，仅置学官管理所属各学校。因此宋朝地方学校仅有两级：由州或府、军、监设立的，称州学或府学、军学、监学；由县设立的称县学。由于州、县设置最普遍，故宋朝地方学校主要是州学和县学。

宋朝地方官学的发展开始于"庆历兴学"。"熙宁兴学"也促进了地方官学的发展，而"崇宁兴学"使宋朝地方官学空前兴盛。

宋朝地方官学一般都有一定规模的校舍，分成教学、祭祀、娱乐、膳食、住宿、收藏等几大部分，普遍设立了藏书楼。在办学经费上实行以学田为主，政府资助、社会献田、捐款集资、学校刻书创收等多种途径相结合的办法来解决办学经费。

　　从管理体制来看，隋唐以前的地方官学都委诸地方行政长官兼管，宋代为了加强对地方官学的领导，从宋神宗熙宁四年（公元1071年）起，陆续设置诸路学官；自崇宁二年（公元1103年）起，又设置诸路提举学事司。宋以前还没有专门的教育行政机构来管理地方官学，提举学事司的设立，在中国学校教育发展史上具有创新意义。从此以后，从中央到地方都建立起了专门的教育行政管理机构，在中央有国子监，管理中央官学，在地方也有提举学事司，管理地方官学。南宋时，或设专员，或由明文规定地方长官兼任提举学事。由于宋代对于地方教育行政的重视，因此各地方学校较为发达，办得颇有成绩，把中国古代地方官学的发展推进到了一个新的阶段。

宋代简明学制图

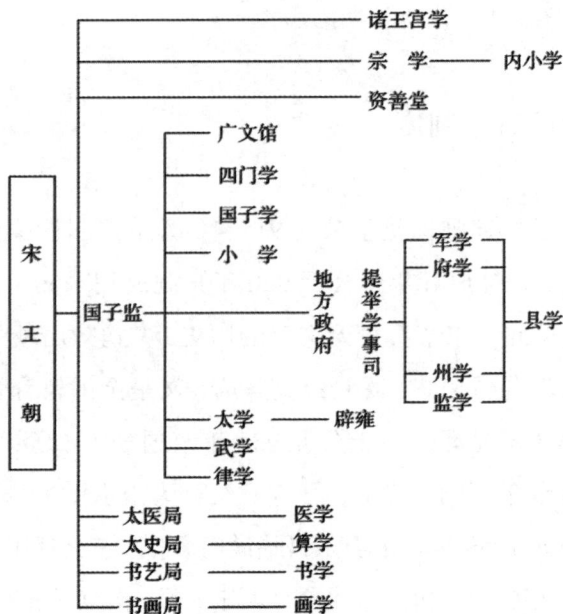

总之，宋朝在前朝的基础上，官学制度有了新的发展，有了自己的特色。一是管理体制进一步完备，从中央到地方建立起了专门的教育行政管理机构。二是官学类型多样化，中央官学除国子学、太学、四门学学习传统的儒家经典外，专科学校很发达，有武学、律学、医学、算学、书学、画学等，其中武学与画学是宋独创的。地方官学，州学、县学除学习传统的儒家经典外，还分别设置了武学、医学和道学，其中武学与道学也是宋独创的。三是中央官学在招收学生时放宽了学生家庭出身等级的限制，书学甚至取消了这种限制，这与唐代相比是一个明显的进步。四是学田制度的确立。宋代地方学校一般均有学田，宋朝政府向各地州、县学校赐学田，作为学校经费的主要来源，这对于地方官学的发展起了积极的推动作用。这一制度为后来的元、明、清三代所长期沿用。

3．辽金的官学制度

契丹族酋长耶律阿保机于公元916年，建立契丹国家，称皇帝，年号神册。神册五年（公元920年）制成契丹文字，下令颁行全国，从此结束了契丹无文字的历史，并仿效唐朝的教育制度，在皇都置国子监，既是最高学府，又是全国教育管理机构。太宗耶律德光即位后于公元935年改国号为"辽"，于是在南京（今辽宁辽阳）设立国子学，又称为南京太学。道宗清宁五年（公元1059年）于上京（临潢府）、东京（辽阳府，原名南京）、西京（大同府）、中京（大定府）、南京（析津府）

同时设学，合称为"五京学"。各学置博士、助教各一员。

辽朝地方官学有府学、州学和县学。府学有黄龙府学（今吉林农安）、兴中府学（今辽宁朝阳），教学内容仍为儒家经典，各设博士1人，助教1人。各州设州学，各县设县学，州学和县学亦设博士、助教。

辽朝重视贵族子弟教育，还专门创立"诸王文学馆"，设有"诸王伴读"和"诸王教授"。辽朝还曾吸收高丽留学生，这是继唐朝吸收外国留学生之后，中外文化教育交流史上的又一件盛事。

女真族首领完颜阿骨打于公元1115年，建立金国，称帝，年号收国。金太宗命丞相希尹创制女真文字，并翻译中国经史，教女真人学习。海陵王天德三年（公元1151年）设置国子监，总辖中央官学，也是金朝最高学府，凡宗室、外戚皇后等亲属以及诸功臣和三品以上官员的子弟，15岁以上入国子监，15岁以下入国子监附设小学学习。同时国子监还负责印各种教科书，又是当时全国教科书的刊印发行中心。

金世宗大定六年（公元1166年）设置太学，招收五品以上官员子弟，以及地方各府推荐的生员和终场举人。太学设博士、助教等教职。学生每三日作策论一道，又三日作赋及诗各一篇，三个月举行一次考试，考试内容为诗赋策论。太学每十个月休假一次，称为"旬休"。逢年节、省亲、生病等均给假期。如违犯校规或不堪教育者，则根据情节轻重分别给予各种处罚，甚至开除学籍。

金世宗大定十三年（公元1173年）设置女真国子学，设女真进士科，以策、诗取士，有27人登第，在女真族历史上产生了第一批进士。这批新科进士，被授以教授职，有的在女真国子学任教。同年又设立女真小学。大定二十八年（公元1188年）又创建女真太学，规定教授必以宿儒高才者充任。

金朝的中央官学，除了国子监、小学和太学之外，又建立了专门以培养女真族人才为目的的女真国子学、女真小学和女真太学，这在中国古代学校发展史上是颇具特色的。

此外，还有司天台办学和宫女学校。司天台分天文、算历、漏刻等科，学习天文地理。宫女学校设在宫廷内，专为教授诸宫女而设，教官称"宫教"，授课时需用青纱与宫女隔离，不能直接见面。

金朝的地方官学主要有府、镇、州学和女真府、州学，此外还有地方医学。

在金朝，无论是中央官学还是地方官学的学生，都由政府供养。经费的主要来源是学田。官学生除在经济上得到供养外，还终身免除杂役。

4．元朝的官学制度

成吉思汗

元朝的学校，开始于元太宗窝阔台时期。元太宗六年（公元1234年）元灭金朝，即改金之枢密院为宣圣庙，以冯志常为国子学总教，命贵族子弟18人入学。至元世祖忽必烈时期，学校教育的发展进入兴盛时期，从中央到地方建立起了较为完备的官学体系和教育管理机构。

元朝的中央官学有国子学、蒙古国子学和回回国子学。

国子学是专门学习汉文化的学校，主要学习内容是儒家经典。教学形式有讲说、属对、诗章、经解、史评等。采用"升斋等第法"和"积分法"。所谓"升斋等第法"就是把国子学分为下、中、上三个等级六个斋舍，学生按程度分别进入各个斋舍学习不同的内容，依据其学业成绩和品德行为，依次递升的方法。它是宋代"三舍法"的沿续与发展。考试分私试和升斋试两种。私试每月举行一次，试卷上等者给一分，中等者给半分，一年之中积分至8分以上者升补高等生员，以40名为限，汉人20名，蒙古人、色目人各10名。升斋考试，中斋生每季（三个月）考试列优等的升上斋，下斋生每季考试列优等而不犯规的升中斋。可见"积分法"是累积计算学生全年学业成绩的方法，始于宋代太学，到元代国子学趋于完善。由于"积分法"注重学生平时的考试成绩，故具有督促学生平时认真学习的积极作用。

蒙古国子学的设立旨在发展蒙古族的文化，加速培养蒙古族的人才，显然是受到金朝女真国子学的启发，学习内容主要是蒙古文的《通鉴节要》，学生学成精通者，量授官职。不过学生来源，除了主要招收蒙古族学生之外，还同时招收其他民族学生入学。

回回国子学是专门学习亦思替非文字——波斯文字的学校。创办回回国子学，是鉴于当时与西域诸国交流频繁，迫切需要懂得波斯文字的专门人才。学校设立之后，也确实培养出了众多的外语专门人才，适应了当时社会的需要。回回国子学是我国最早的外国语学校，它对于当时中西文化交流起了积极的促进作用，这在中国古代学校教育发展史上是别具特色的。

另外，元朝还在司天台和太史院附设学校，培养天文历数方面的人才。

元朝按路、府、州、县的行政区划，在地方上建立起了路学、府学、州学、县学以及诸路小学、社学的系统。

社学创办于至元二十三年（公元1286年），元朝颁令各路，劝农立社，凡各县所属村庄，50家为一社，设社长1人，满百家的增1人，不及50家的，与近村合一社，社长专以教劝农桑为务。每社立学校1所，择通晓经书者为学师，利用农闲空隙时间使子弟入学。这是一种以农家子弟为对象的初等教育形式，它对于发展农村地区文化教育事业具有一定意义；同时也是元朝在教育组织形式上的一种创新，对后世产生了深远影响。

除此之外，元朝还开设了诸路蒙古字学、诸路医学、诸路阴阳学等专门学校。诸路蒙古字学是地方上学习蒙古文字的学校，创建于至元六年（公元1269年），目的在于普及蒙古文字，培养懂得蒙古文的人才，学习科目与京师蒙古国子学相同，主要是学习译成蒙古文的《通鉴节要》。在学学生，得免杂役。学成考试合格者，可充任学官、译史等职。

诸路医学创设于世祖中统二年（公元1261年），直隶于太医院，学生主要招收在籍医户及开设药铺人家的子弟。一般良家子弟，若愿意就读，且资质亦可学医者，经考选也可入学学习。学官有教授、学正、学录等。无论是教学人员或是医学学生，均得免杂役。学习内容除《素问》《难经》《神农本草》等医学经典外，还需研习十三科的疑难问题，包括大方脉、杂医科、小方脉、风科、产科、眼科、口齿科、咽喉科、正骨科、金疮肿科、针灸科、祝由科、禁科等。

诸路阴阳学是学习天文、算历的学校，创设于至元二十八年（公元1291年），直隶于司天台。在地方上设立培养天文、算历人才的学校，这是元朝的创新，对后来明朝的教育产生了重要影响。

元朝朝廷视学校为"风化之本，出治之源"，所以注重学校教育，积极创办各级各类地方学校，并且重视学田的设置和管理，使教育经费有一定保证。据《元史·世祖本纪》记载：至元二十八年（公元1291年）诸路所设学校21300余所，按当时人口统计，这年全国共有1343万户，5984万多人。这样，平均每2800余人就有1所地方学校，这在当时是相当可观的。尤其值得注意的是，元朝在边远地区亦广设学校，促进了这些地区的开化和发展。

五、明清时期官学的发展与演变

1. 明代的中央官学

明朝（公元1368—1644年）是一个重要朝代，历时277年。明朝官学按其设置可以分为中央官学和地方官学两大类。中央官学有国子监、宗学、武学等。

（1）**国子监**　明朝国子监有南北之分，南京国子监规模恢弘，不仅教室宽敞，而且环境优美，除正堂和支堂作为主要教学活动的场所外，还有书楼、射圃、馔堂（餐厅）、号房（学生宿舍）、光哲堂（外国留学生宿舍）、养病房、仓库、文庙等建筑。公元1403年明成祖增设北京国子监，从此便有南监、北监之分，不过北监规模不及南监。

北京国字监内的辟雍

在国子监学习的学生，通称为监生。因其入学资格不同，分为"举监""贡监""荫监"和"例监"。会试下第举人入监学习的监生，称为"举监"；地方府、州、县学生被选贡到国子监学习的监生，通称为"贡监"；三品官以上子弟或勋戚子弟入监学习的监生，称为"荫监"；庶民捐资纳粟，政府特准许其子弟入监学习的监生，称为"例监"，亦称"民生"。此外，在国子监学习的还有来自邻邦高丽、日本、暹罗等国的留学生，称为"夷生"。

国子监学生的来源虽不同，但在学习期间均受到较优厚的

儒家文化大众读本

文明薪火赖传承

待遇。如：膳食全由国家供给；衣服、冠履、被褥，也由国家按时发给；每逢节令，必给"赏节钱"；已婚的则养其妻子，未婚的如为历事监生，则赐钱婚聘，凡省亲回籍，赐衣和赐钱作为路费；对于边远地区的学生及外国的留学生，亦厚赏他们的仆从，以资劝奖。

国子监内规则甚严，凡上课、起居、饮食、衣服、澡浴及告假出入等，都有详细规定，且小有过失，动辄体罚。至洪武十五年（公元1382年）又颁禁例，诏国内学校镌勒"卧碑"，中央学校、地方各学校普遍颁发。由此可见，明代国子监对其学生待遇的优厚为前代所不及，而其约束的苛严亦为前代所未曾有。

国子监的教官各司其职。祭酒、司业、监丞、博士、助教、学正、学录、典簿、典籍、掌馔等官，分掌职务。祭酒为国子监最高负责人，并"掌国学诸生训导之政令"。司业协助祭酒工作。监丞参领监务，偏于训导，其办公室称"绳愆厅"，对监生进行严格管理，监察师生言行，并有权实施刑罚。博士掌分经讲授。助教协助博士传授专门知识。学正、学录负责教学纪律，参与考校学生。典簿负责文书及经费管理。典籍负责管理书籍。掌馔负责伙食管理。

教学内容以"四书""五经"为主要课程，故在永乐年间（公元1403—1424年）制定《四书大全》《五经大全》，颁行各学校作为必读之书。同时兼习《性理大全》、刘向《说苑》及律令、书数、《御制大诰》等，作为课程。《御制大诰》为明太祖朱元璋所撰，主要内容是教人民守本分、纳田租、出夫役、替朝廷当差的训话，还列举了一些人犯罪的罪状，让学生学习，可以使他们知所警戒，安分守己。此外每月初一、十五还须练习射箭，每日还要习字200多个，并练习书法。

授课由祭酒、司业、博士及助教等担任，每月除初一、十五两天为例假外，每日分晨、午两课举行。晨课在晨间，由祭酒率领属官出席，祭酒主讲，学生静听；午课在午后举行，主要为会讲、复讲、背书、论课等，由博士及助教担任。

全监学生共分六堂，六堂中以正义、崇志、广业三堂为初级，以修道、诚心二堂为中级，以率性一堂为高级。凡监生仅通"四书"的编入初级，学习一年半以上，经考试合格，文理通顺条畅者升入中级。在中级学习一年半以上，如经过考核，经史兼通、文理俱优的升入高级。升入高级后，方许用积分制。所谓积分制，是继承宋元时期的办法，每月考试一次，优者记1分，及格者记半分，不及格者无分。一年内积至8分者为及格，予以出身，可派充官职，如不满8分者仍留堂学习。

国子监六堂每堂设堂长一人，管理全堂事务，堂长有集愆簿，登记学生所犯过失，并按其次数多寡而定处罚的轻重。堂长检查堂内监生出入。学校的管理极为严格，所以对教职员的人选特别慎重，故司业一职，往往特选大学士、尚书、侍郎充任，对教官的重视可见一斑。

明洪武五年（公元1372年）创立了国子监监生历事制度，国子监学生学习到一定年限，分拨到政府各部门实习——"先习吏事"，亦称"拨历"。分拨至吏部、户部、礼部、大理寺、通政司、行人司、五军都督府从事政务者，称"正历"；分派至诸司写本（誊写奏本）等事务者，称为"杂历"。这些实习学生通称为"历事监生"。除中央政府各部门外，历事监生也被分派到州、县清理粮田或督修水利等。监生历事实习的具体时间不相同，有的三个月、半年，有的则长达一年，甚至还有更长的。明惠帝建文年间（公元 1399—1402 年）确定考核办法，规定监生历事期满，经考核分为上、中、下三等，上等者送吏部铨选授官，中、下等者仍历一年再考，上等者依上等用，中等者不拘品级，随才任用，下等者回国子监继续学习。后来，监生人数渐多，拨历遂以入监先后为序。明朝选派监生历事，其起因是为了弥补明初官吏的不足，监生通过历事，可以较广泛地接触实际，获得从政的实际经验，有利于他们的成长。因此国子监的监生历事制度是中国古代大学的教学实习制度，是明朝在教学方面的一项创举，这在中国古代学校教育发展史上具有重要意义。不过，此制实行到后来，监生日增，历事冗滥，已徒具形式，失去了其积极意义。

（2）**宗学与武学**　宗学是明朝专为贵族子弟设立的贵胄学校，校址设在两京所属的地方，入学的学生限于世子、长子、众子、将军、中尉及年未及冠的宗室子弟，学生称为"宗生"。教师从王府长史、纪善、伴读、教授中挑选学问道德优长者担任，主管宗学行政的有宗正 1 人，后又增设宗副 2 人。学习内容为《皇明祖训》《孝顺事实》《为善阴骘》等书，并兼读"四书""五经"《通鉴》《性理》等。学规规定学习 5 年，如考试有进益，准奏请出学，支领本等俸禄。宗学开始每年由提学官组织考试，后来令其学生参加科举考试，亦培养出不少人才。

武学于洪武年间创设，开始仅在大宁等卫儒学内设置武学科目，教导武官子弟。至英宗正统六年（公元 1441 年）设京卫武学，置教授 1 人、训导 6 人，教习勋卫子弟，以兵部司官提调。第二年又设南京武学，规模宏大。成化元年（公元 1465 年）审定武学学规。成化九年（公元 1473 年）令都司、卫所应袭子弟，年龄在 10 岁以上者，由提学官选送入武学读书。弘治六年（公元 1493 年）接受兵部尚书马文升的建议，刊印《武经七书》分送两京武学，令武生学习。嘉靖十五年（公元 1536 年）改建京城武学，用文武重臣教习。明万历年间，武库司专设主事 1 人，管理武学。由此可见，明朝对于中央武学是十分关注的。

2．明代的地方官学

明朝的地方官学，按其性质划分，可以分为儒学、专门学校和社学三类。

儒学包括按地方行政区划设立的府学、州学、县学，按军队编制设立的都司儒学、行都司儒学、卫儒学，以及在谷物财货集散地设置的都转运司儒学，在土著民族聚居地区设立的宣慰司儒学和安抚司儒学等。

府学设教授 1 人，训导 4 人。州学设学正 1 人，训导 3 人。县学设教谕 1 人，训导 2 人。这些教师或由下第举人充任，或由贡生充当。但因位卑俸薄，举人多不愿充任，故以贡生充当者居多。据明初统计，全国共有教师 4200 余人，在地方官学发达之时，则曾达到 5200 余人，还不包括边远卫学及各司的儒学教师。

府、州、县学及各卫、司儒学的学习内容，与国子监相似，但程度偏低。洪武初年规定专习一经，以礼、乐、射、御、书、数设科分教。到洪武二十五年（公元 1392 年）又重新规定，分礼、射、书、数四科。对于"礼"，主要学习经史、律令、诏诰、礼仪等书，要求学生熟读精通。对于"射"，由礼部颁射仪，凡初一、十五于公庙或闲地举行射法演习，由长官引导比赛，中的者有奖。对于"书"，为临摹名人法帖，每日习 500 字。对于"数"，则为熟习《九章算术》等。

府、州、县学的学生，分为廪膳生、增广生、附学生三类。廪膳生在学期间享受政府提供的伙食。明初，凡学生均食廪，"月廪食米，人六斗，有司给以鱼肉"，即每人每月给廪米六斗，地方官供给鱼肉，待遇是不错的。但后来，由于要求入学者增多，因此，增广人数，"增广者谓之增广生员"，即于廪膳生原名额之外，加取一倍，名曰增广生，无廪膳待遇，地位仅次于廪膳生。再后来，向学人更多，又于廪膳生、增广生名额之外增取的学生，因附于诸生之末，故称附学生。明朝府、州、县学的学生数，廪膳生、增广生有限额。在京府学 60 人，在外府学 40 人，州学 30 人，县学 20 人，附学生没有名额限制。凡初入学者，先为附学生，经过岁、科两次考试，成绩优秀者，才能依次递补为增广生员、廪膳生员。学生在校学习 10 年，若学无所成，或有大过者，则罚充吏役，并追还廪米。反之，若学习及品行优秀，则依次递升，至于廪膳生优秀的，还可通过贡监进入京师国子监学习。因此，明朝府、州、县学的学生在校内是流动的，可以因情升迁，在外部同国子监也是相衔接的，可以荐举选贡。

明初在各要冲之地设卫，由各省都司管辖，洪武十七年（公元 1384 年），岷州卫首建学校，称卫学，设教授 1 人、训导 2 人，招收武臣子弟入学，学生称为"军生"，以学习儒家经书为内容。后各卫广为设置。成化年间（公元 1465—1488 年）定卫学条例，规定四卫以上军生 80 人，三卫以上军生 60 人，二卫、一卫军生 40 人。

明朝府、州、县学都有固定的学田为基金，故经费比较充足。洪武十五年（公元 1382 年）规定学田之制，凡府、州、县学有田租入官的，皆令拨归所属学校作为基金，谓之学田。这种基金亦分三等：凡府学定 1000 石，州学定 800 石，县学定 600 石，应天府学定 1600 石，每个学校设一会计专员，经管收支。由于地方官学都有了固定的经费，师生的待遇自然优厚了，所以诸生初入学校，有廪膳生，即有廪米供给。

明代地方官学学规也很严格，对学生学业成绩有月考、岁考之外，对于学生的品行，平时还有稽考簿以记录之。稽考内容分德行、经艺及治事三种。凡三种兼长的，列入上等簿；长于德行而短于经艺或高于治事的，列入二等簿；如经艺与治事兼长，而德行或有缺陷的，则列入三等簿。所谓德行，就是要孝亲敬长，不敢"犯上作乱"。有德行者才是优等学生。学生在校 10 年，若德行不好，犯过大过的，要受到惩罚，并追缴学费。明太祖朱元璋更加严厉，于洪武十五年（公元 1382 年）颁禁例十二条于天下，镌立卧碑，置明伦堂之左，令全国师生务必谨遵，倘有违犯即以违制论。规定府、州、县学学生若有大事涉及自己，可以让父母兄弟代自己去陈诉，非大事则不要轻易去公门；一切军民利害得失，农工商贾皆可提出，惟有学生不可提出自己的意见和看法。

明朝地方官学中还有专门学校，包括武学、医学和阴阳学。明初不设武学，后虽在两京创立中央武学，但在地方上仍不设武学。直到崇祯十年（公元1637年）"令天下府、州、县学皆设武学生员"，才正式设立地方武学。然而此时明朝已濒临灭亡，未能普遍设立。医学始设于洪武十七年（公元1384年），学官府设正科1人，从九品，州设典科1人，县设训科1人。阴阳学亦始设于洪武十七年（公元1384年），学官府设正术1人，从九品，州设典术1人，县设训术1人。

总之，明代地方官学得到空前发展。不仅按地方行政区划设学，而且也按军队编制设学，"教武臣子弟"；还在全国谷物财货集散地设置都转运司儒学，都转运司与王府相当，其儒学规制一如府学，设教授1人、训导4人；还在土著民族聚居地区设立宣慰司儒学和安抚司儒学，由少数民族首领充任官职，以培养本民族子弟为任务。因此，明朝地方学校的普遍，已超过了以前任何一个朝代。

明代洪武八年（公元1375年）"诏天下立社学"，于是全国各地纷纷设立社学。明朝社学是设在城镇和乡村地区，以民间子弟为教育对象的一种属于社会基层的地方官学。招收的学生，大致是8岁以上、15岁以下的少年儿童，带有某种强制性。如《明史·杨继宗传》记载，明宪宗成化初年，杨继宗任嘉兴知府，大兴社学，曾规定"民间子弟八岁不就学者，罚其父兄"。虽然是强迫，但这与近代义务教育有相似的意义。

儿童进入社学，先学习蒙学教材《三字经》《百家姓》《千字文》等，然后再学习经、史、历、算等知识，同时兼习《御制大诰》、明朝律令以及讲习冠、婚、丧、祭之礼。

社学的教师称社师，一般是挑选地方上有学行的长者担任。在教学活动方面，明代社学对于如何教儿童念书、看书、作文、记文，培养儿童学习习惯以及安排每天的活动等，都有较具体的要求。吕坤（公元 1536—1618 年）撰的《社学要略》，具体规定了社学的教育目标、道德规范、教学内容、教学过程以及教材、教法等。他认为社学教育应以进德修身为目标，不可只为"取科甲求富贵"，提倡慎选社师，"不以才名为骛，而以端良为先"，并强调对儿童学习及行为习惯的培养。他说："教童子，先学爽洁。砚无积垢，笔无宿墨。蘸墨只着水皮，干笔先要水润。书须离身三寸，休令拳揉。手须日洗两番，休污书籍。案上书，休乱堆斜放。书中句，休乱点胡批。学堂日日扫除，桌凳时时擦抹。"

关于教学生识字、读书，吕坤说："念书初要数字（即认字），次要联句（即读句子），次要一句紧一句（即读一篇一章）。眼睛定，则字不差（眼力集中）；心不走，则书易入（思想集中）；句渐紧，则书易熟（熟读）；遍数多，则久不忘。"

关于作文，吕坤说："作文，出极明浅、易于发挥题目（作文题不要太难）。作不得题，细讲一遍，仍作此题（教师讲明做此文章的要求）。一题三作，其思必尽，其理自通，胜于日易一题也（十分深奥不能做之题，则且缓出）。"

关于读书与休息，吕坤说："读书以勤为先。童子不分远近，俱令平明到学。背书完,读新书。吃饭后,略令出门松散一二刻,然后看书作文。写仿毕,仍读书。午饭后,再令出门松散一二刻,仍读书。日落后,分班对立,出对一个,破题一个,即与讲解,然后放学。盖少年脾弱,饭后不可遽用心力,恐食不消化也。"

关于歌咏,则"每日遇童子倦怠懒散之时,歌诗一章。择古今极浅、极切、极痛快、极感发、极关系者,集为一书,令之歌咏,与之讲说,责之体认"。

明朝简明学制图

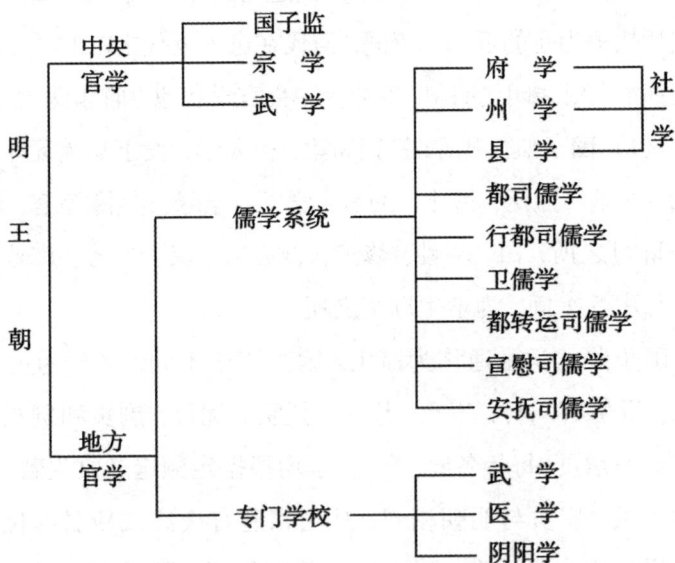

明代社学是对元代社学制度的继承和发展。它的设立更普遍、数量更多,在教学的各个方面,也更趋成熟。上述《社学要略》就反映了明代社学的教学水平。明朝对社学十分重视,例如英宗正统元年(公元 1436 年)诏令社学凡有俊秀向学者,许补儒学生员，把社学与府、州、县学衔接起来。孝宗弘治十七年（公元1504年）又"令各府、州、县建立社学，选择明师，民间幼童十五以下者送入读书"。由此可见，明代社学形成了较为完善的教学制度，成为对民间少年儿童文化知识和伦理道德进行初步教育的重要形式，对清朝的学校教育产生了一定的影响。

3. 清代的中央官学

从顺治元年（公元1644年）到道光二十年（公元1840年）的鸦片战争为止的近二百年间，清代在进入近代之前的学校教育制度基本上沿袭明代旧制，亦分为中央官学和地方官学两大类。

（1）**国子监**　国子监亦称国学和太学，设于顺治元年，置祭酒、司业、监丞、博士、助教、学正、学录、典簿等官。设六堂为讲习之所，曰：率性、修道、诚心、正义、崇志、广业等；又设号房521间，为学生读书之所。

国子监的学生通称为监生。因其资格不同，又分为贡生和监生。贡生有六种：岁贡、恩贡、拔贡、优贡、副贡和例贡。所谓岁贡即常贡，每年各府、州、县学均根据定额选送贡生若干人，故称岁贡。恩贡与明朝相同，凡国家遇有庆典或新君即位，特别开恩选送生员入监，以当年正贡做恩贡，陪贡做岁贡。拔贡生不限于府、州、县学的廪膳生，而于科试一、二等生员中选拔，故谓拔贡。初不定期，雍正五年（公元1727年）定每六年选拔一次，乾隆七年（公元1742年）改定为每十二年一次。优贡为每三年选送"文行兼优者"入监，初不拘廪、增、附生，雍正年间，始定仅限于廪生和增生，正取之外，亦另设陪优。副贡即选取乡试中列名副榜的生员入监。例贡为生员捐纳资财入监。其中，岁贡、恩贡、拔贡、优贡、副贡，时称"五贡"，被认为是正途，以区别于例贡。监生有四种：恩监、荫监、优监和例监。恩监为八旗官学生考取者。满汉文官京四品、外三品以上，武官二品以上送一子入监，为荫监生。优监为优秀附生入监学习者。例监则是庶民通过捐纳资财入监者，与例贡一样，被认为是杂流。

国子监的教学内容，主要是"四书""五经"《性理》《通鉴》等书，有的学生兼通"十三经""二十一史"的，也可攻读。此外，还要学习清朝有关的诏、诰、表、策论、判，每天临摹晋、唐名帖数百字。乾隆时，国子监祭酒赵国麟奏准将《钦定四书文》颁布于六堂，令诸生诵习，这本书是乾隆皇帝命方苞所编，汇辑了明清时期的所谓"优秀"时文，作为科举考试的作文"指南"。可见清代国子监的教学仍受到科举制度的极大影响。

北京孔庙大成殿　　　　　　北京国子监的琉璃牌坊

关于教学方法，直接担任教课的有博士、助教、学正、学录等教官，每月初一、十五，各监生到国子监随祭酒、司业行释奠，然后听六堂官讲"四书"《性理》《通鉴》等，听博士讲"五经"

等。听讲后，各监生读讲章、复讲、上书、复背诸课。如有未能通晓明白者，即到讲官处再请讲解，或到西厢质问教官。平日则由助教、学正、学录课以制义——八股文及策论。由此可见，教学方法既重教师传授，又重学生自学和质疑问难。

监生在国子监学习的时间开始不统一，恩贡 6 个月；岁贡 8 个月；副贡原为廪膳生的 6 个月，原为增广、附学生的 8 个月；拔贡原为廪膳生的 14 个月，原为增广、附学生者 16 个月。雍正五年（公元 1727 年）规定各类监生学习时间皆以三年为期，这才把学习修业年限统一起来。

考试分月考与季考两种：月考每月举行，由司业主试；季考每三个月举行，由祭酒主试。凡月考列一等的给 1 分，列二等的给半分。但如有"五经兼贯，全史精熟"而又善书法者，虽作文不及格，亦准给 1 分。在 1 年内以积满 8 分为及格，但名额有限，每年不得超过 10 人。及格的由国子监分别咨送吏部，在吏部历满考职后，按照成绩，分别录用。如 1 年内积分不及格而仍愿留监者，听其自便。

国子监藏十三经碑和曾参像

国子监的长官原是祭酒、司业，雍正三年（公元 1725 年）又开始另设管理监事大臣 1 人，成为国子监的主管官。

国子监实施分斋教学制度，乾隆二年（公元 1737 年）根据刑部尚书兼管理监事大臣孙嘉淦的建议，国子监依照胡瑗"经义、治事分斋遗法"，实施分斋教学制度。经义以《钦定四书文》为主要教材，兼及各家学说；治事教兵刑、天官、河渠、律令、算法之类，专治一事，或兼治数事。当时名贤分掌六堂，各专一经，进行教授。由于乾隆皇帝重视国子监，孙嘉淦则"严立课程，奖诱备至"，各堂教师又都是挑选当时比较优秀的人才，所谓"极一时之选"，因此国子监在这时达到全盛。

清王朝对国子监师生的管理极严，曾制定"监规"二十八条。要求国子监的主要负责人和教师明确自己的职责，起"表率"和"模范"作用，"用心讲解"。一旦学生违犯学规或"课业不精"，则连教师也一同惩治。对学生的规定，也是相当严格的。康熙二十四年（公元 1685 年）清廷甚至曾下令对国子监进行了一次严格的大检查。

清国子监还接受外国留学生。当时有琉球、俄罗斯等国经常派遣学生来国子监学习。外国留学生也同样"月给银米器物"，待遇很好，学成后则回到自己的国家。

（2）**清宗室官学——宗学、觉罗学**　宗学是专为清宗室子弟设立的学校。顺治十年（公元 1653 年）八旗各设宗学，凡尚未受封的宗室子弟，年满 10 岁以上者，都入学学习满族的书，由满洲官员充当教师。雍正二年（公元 1724 年）始订立宗学制度，凡王、贝勒、贝子、公、将军及闲散宗室子弟，年在 18 岁以下的，都可入学读书，如年已超过 18 岁且已读过书的贵族子弟，亦可入学，并兼骑射。宗学的校址在京师左右两翼官房，每翼各立一满学、一汉学，故宗学共有四所，各随入学者志愿，分别学习。每学各派王公一人为总管，下设正教长1人，教长8人，均以宗室中行尊年长者充任。再下又设教习若干人，担任教课。课程分三种，一为满文书，每学有满人教官教习2人；二为汉文书，每学10人有汉人教官教习1人；三为骑射，每学设骑射教习2人。雍正十一年（公元1733年）又以翰林官2人分教宗学，讲解经义，指授文法，每月给以公费及米粮、衣服。考试分月考、季考两种。月考分别等第，申报注册；季考于春秋二季由宗人府派人主持。修学以三年为期，期满及格，分别录用。

觉罗学是专为清觉罗氏子弟设立的学校。始设于雍正七年（公元1729年），规定于八旗衙署旁设立满、汉学各一所，"八旗觉罗内自八岁以上十八岁以下子弟，俱令入学"。每学设总管1人，由王公大臣充任；设副管2人，由觉罗氏中选老成练达、品行端方者充任；满书教习1人，以满族进士、举贡生员充补；骑射教习1人，以本旗善射者充补；汉文书教习每10个学生设1人，以举贡充补。学生在学期间的待遇，与宗学同，每月"给与公费银、米、纸、笔、墨、冰、炭等物"。学成之后，与旗人同应岁、科试及乡、会试。觉罗学属于宗学性质，只是其学生来源比宗学广，扩展到了整个觉罗氏。有些地方，把宗学和觉罗学合二为一。

（3）**八旗官学、景山官学、咸安宫官学**　八旗官学始设于顺治元年（公元1644年），分八旗为四处，每处各立官学一所，专教亲贵以外的八旗子弟，设伴读10人，勤加教习。学生由各佐领下各取2名，20名习汉文书，其余习满文书。课程与宗学相同。八旗官学隶于国子监，故每 10 天须赴国子监考试一次。春秋二季特重骑射，每五日演习一次，其训练方法较国子监普通学生严格。康熙时定额满洲、蒙古生员各 40 名，汉军生员 20 名。雍正六年（公元 1728 年）每旗各置一学。设满、汉、蒙、骑射教习。教学内容为满文、汉文、蒙古文及骑射等。乾隆三年（公元 1738 年）钦派大臣主持考试，选拔汉文明通者升入国子监学习，学习期满，择优保荐，考选录用。八旗官学在学制上与国子监相衔接。学生学成后还可参加岁、科试及乡、会试。但自嘉庆、道光之后，学校逐渐废弛，清末改为八旗学堂。

景山官学创立于康熙二十五年（公元 1686 年），设在京师北上门两旁房内，满、汉文各三房。每房满文 3 人，汉文 4 人。招收内府三旗佐领、管领下幼童 366 人入学，分习满文和汉文。乾隆四十四年（公元 1779 年）又准许在回族佐领下选补学生 4 名。学生学习修业年限为 3 年，学成选充笔帖式、库使、库守。

咸安宫官学创立于雍正七年（公元 1729 年）。设立的直接原因是由于"景山官学生功课未专"，所以于咸安宫内另设读书房 3 所，从景山官学生及佐领、管领下招得 13—23 岁俊秀青少年 90 名入学读书，每所 30 名。于翰林院内挑选翰林 9 人担任教习，每所各 3 人，"勤加督课"。另于乌拉人及原满人中挑选 9 人（每所各 3 人），在学生读书之暇，教授满语及弓马骑射。学成后选充翻译、中书、笔帖式、库使等。

清代设立的旗学，还有盛京官学、八旗蒙古官学、八旗义学、八旗教场官学等。重视对族人子弟的教育，广泛设立旗学，这是清代中央官学制度的一个重要特点。

（4）算学、俄罗斯文馆　早在康熙九年（公元 1670 年）即在八旗官学中挑选学生分科教习算学，至康熙五十二年（公元 1713 年）即设算学馆于畅春园，选八旗子弟入学学习算法。雍正十二年（公元 1734 年）又增设八旗官学算学教习 16 人，挑选资质聪明的八旗官学生 30 人，向他们学习算学。至乾隆四年（公元 1739 年）定算学馆隶属国子监，称国子监算学。招满洲 12 名，蒙古、汉军（清制以八旗辽东人号为汉军）各 6 名，汉人 12 名，又钦天监附学生 24 名，共 60 名。凡满洲、蒙古、汉军算学生，俱于八旗官学生中考取。汉人算学生，无论举人、贡生、生员、童生，由国子监会同算学馆考取。教学内容分线、面、体三部分，各部分限于一年内通晓；七政则限两年。有季考、岁考。五年学习期满考试合格者，满、蒙、汉军学生送礼部，以本旗天文生序补。

俄罗斯文馆是清王朝为了培养俄语人才而设立的一所俄文学校。创立于乾隆二十二年（公元 1757 年），原为安置来京俄商之所，后来在此设馆，"专司翻译俄罗斯文字，选八旗官学生二十四人入馆"。开始聘请驻京俄罗斯人充任教习，后由考得职品之学生留任。设助教 2 人，于教习内奏补。以蒙古侍读学士或侍读 1 人，担任提调官，专司稽察课程。另由理藩院委派郎中或员外郎 1 人兼管。学生修业年限为 5 年，学习期满考试，成绩为一等的授八品官，二等者授九品官，三等者不授官，留馆继续学习。俄罗斯文馆于同治元年（公元 1862 年）裁撤。

4．清代的地方官学

（1）**府、州、县、卫学**　清朝定都北京后，即在明代的基础上，普遍建立起府、州、县学。顺治元年（公元 1644 年）诏令各省府、州、县儒学，"食廪生员仍准廪给，增、附生员仍准在学肄业，俱照例优免"。顺治四年（公元 1647 年）又规定各学廪膳、增广生员人数：府学各为 40 名，州学各为 30 名，县学各为 20 名。同时还规定依照明制，在军队驻地设立卫学（有的地方设立所学）以教育"武臣子弟"。卫学额设廪膳、增广生员各 10 名。顺治十六年（公元 1659 年）规定：一般卫学（有的地方是所学）都并入府、州学。

各府学设教授 1 人，各州学设学正 1 人，各县学设教谕 1 人，他们的职责是"训迪学校生徒，课艺业勤惰，评品行优劣，以听于学政"。此外，各学校皆设训导 1 人协助教授、学正、教谕教导学生。

府、州、县学的学生，通称生员，和明朝一样，分为廪膳、增广、附学三种。初入学者称附学生员，须经岁、科两试，成绩优秀等第高者才能递补廪膳、增广生员。附学生员人数各学校均无限额，而廪膳、增广生员则有定额。清代对学生生员的管理，建立了严格的"六等黜陟法"，其基本特点是对生员实行动态管理，学生的等级并不是固定不变的，而是根据学业成绩或升或降，把学生的等级与学业成绩紧紧联系起来。这有助于调动学生们的学习积极性，也有利于提高学校的教育质量，可以说是清代在地方官学管理上的一个重要创新。

教学以"四书""五经"《性理大全》《资治通鉴纲目》《大学衍义》《历代名臣奏议》《文章正宗》等书为主要。这类书籍，都由清王朝颁发，并允许书贾刻版流行。至于非规定的书，不许学生诵习，"若非圣贤之书，一家之言，不立于学官者，士子不得诵习"。

考试的方法，分为岁考与科考两种。岁考每年举行一次，科考每隔年举行，都由学政主试。岁考试卷列入优等的可升等，如附生可补为增广生，增广生可补为廪膳生；列入劣等的则依次递降。最优的或在学为廪膳生最久的，可升入中央官学国子监，为拔贡生、优贡生之类。科考的试卷列入优等的，则许以有应乡试的资格，其他等级亦分别给奖。

清代地方官学的待遇，远不及明代，除升格以外，仅有补为廪膳生而已。一般学生入学后得免除本身徭役；家贫不能自给的，发学田租谷，予以救济。凡游学远方，到祖父、父亲所在地或临时有病的，得给假并限期补考。凡遇父母丧事，得三年免试。凡学生犯罪，情节轻且有改悔表现，允许改名后恢复资格；已经定罪的，允许以原名再应童子试。如所犯罪细微，地方官报告学官，会同教官加以戒饬，不得像平民一样加以鞭挞。其奖惩办法，由学政会同各教官，将诸生优劣事迹报告学部，再由学部复核批准。凡优等学生行为表现最显著者入国子监，其次量予升级奖赏，最劣等的再除名。评定学生优劣，完全以顺治九年（公元 1652 年）的《训士卧碑文》和康熙三十九年（公元 1700 年）所颁的《圣谕十六条》为标准。《卧碑文》虽然对地方官学中学生的为人、求学以及教师的教学等提出了一些具体要求，但其实质是禁止学生过问社会现实问题，剥夺他们结社和出版的权利，要求他们成为"忠臣清官"，心甘情愿地为清王朝效劳。《圣谕十六条》亦是以封建的政治和伦理道德为标准，对学生的思想、行为、学习、生活等各个方面都提出了明确的要求，成为全国各级各类学校培养、教育学生的准则。

（2）**社学、义学、井学**　社学是设在乡镇地区最基层的一种地方官学，康熙九年（公元1670年）下令各直省设置社学、社师。雍正元年（公元1723年）又重新审定办理社学的规定，肯定了社学与府、州、县学在学制上的相互联系性，提出凡在社学中学习成绩优秀的，经考试可升入府、州、县学为学生；反之，若成绩不佳，则被退回原社学。

义学最初设在京师，教师称塾师。后来各省府、州、县纷纷设立义学，成为孤寒生员或苗、黎、瑶等族子弟秀异者接受教育的机构。雍正元年（公元1723年）规定义学学习内容为《圣谕广训》，俟熟习后再诵习诗、书，以六年为期，如果教师教导有成绩，可准做贡生；三年无成绩，则另择品学兼优之士充当塾师。

井学是设在云南边疆地区的学校。雍正二年（公元1724年）开始设置云南井学训导。

总之，清代官学制度基本上沿袭明代，但在长期的发展过程中，也有自己的特点。如重视八旗子弟教育，广泛设立各种名目的旗学；又如在府、州、县学中创立"六等黜陟法"，对学生实行动态管理，使他们的升降与学业成绩紧密挂钩。此外，还设立俄罗斯文馆，重视俄语人才的培养，并在国子监实行分斋教学制度等。虽然清代已步入封建社会的暮年，但在顺治、康熙、雍正、乾隆时期，学校教育还是得到较大的发展，对于人才培养和社会的发展起了积极作用。然而自嘉庆、道光之后，学校逐渐废弛，已有名无实。中国的封建教育为近代新教育所取代，已成为历史发展的必然趋势。

清代简明学制图

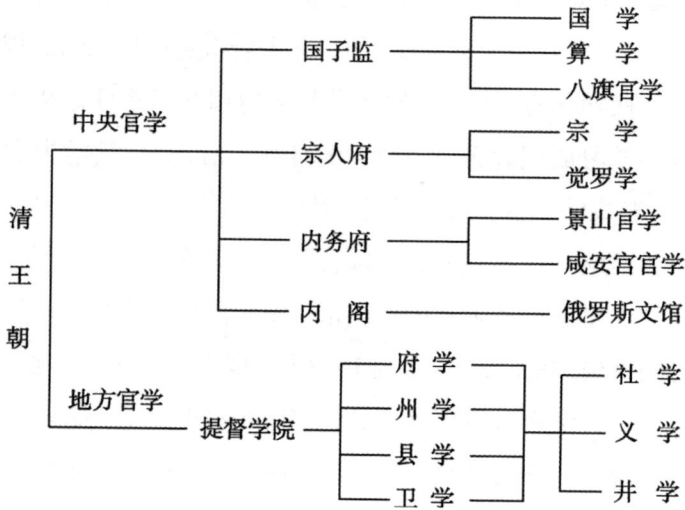

清王朝	中央官学	国子监	国学 / 算学 / 八旗官学
		宗人府	宗学 / 觉罗学
		内务府	景山官学 / 咸安宫官学
		内阁	俄罗斯文馆
	地方官学	提督学院	府学 / 州学 / 县学 / 卫学 → 社学 / 义学 / 井学

儒家文化与中国古代书院

一、书院的萌芽——新的教育组织出现

书院是唐末以来一种重要的教育组织形式。书院萌芽于唐末，形成于五代，大盛于宋代。"书院"之名，始于唐代。唐玄宗开元六年（公元718年）设丽正修书院，十三年（公元725年）改称集贤殿书院，这是由中央政府设立的官方藏书、校勘、整理与修书的机构，还不是教学机构。民间出现的书院，是供个人读书治学的地方，如在《全唐诗》中的诗题出现过李秘书院、杜中丞书院、李宽中秀才书院、南溪书院、沈彬进士书院等等。在私人设立的书院中，亦出现了授徒讲学的活动，如吉水的皇寮书院、漳州的松洲书院、德安的义门书院、奉新的梧桐书院等等。虽然这些具有授徒讲学活动的书院，在当时还不普遍，规模一般也不大，没有形成规章制度，但作为一种新的教育组织形式已开始萌芽了。

由于官学衰落，士人失学，一些好学之士乃另辟蹊径，利用流行的印版书籍，建屋藏书，读书求学，进而聚徒讲学，自行创办书院，摆脱科举考试的束缚，复启自由讲学之风。佛教往往在山林名胜之处建立禅林精舍，从事于坐禅和讲授佛经，因为依傍山林胜地便于清静潜修。受其影响，书院大多也设立于名胜之处。另外，高僧讲经说法通常所采取的升堂讲说、质

疑问难等方式，以及听众把讲经说法的内容记录下来称为语录、章句、讲义等的形式，对书院的教学活动也产生了影响。

毕昇和活字印刷术的发明

书院之风兴起，书院的自由讲学内容也由修心养性发展到评论时政。这在封建专制主义的统治下，不免受到限制和打击，但书院的兴起毕竟使当时的学风有所改变，又一次出现学派争鸣的局面，为人才的培养提供了新的基地。

二、宋代书院具有强大的生命力

宋初，书院便以新生事物所特有的强大生命力，得到较大程度的发展，并成为一种重要的教育组织。当时出现的著名书院有以下几所：

1．白鹿洞书院

在江西星子县北（今九江市）庐山五老峰下。唐代贞元年间（公元 785—805 年），洛阳人李渤与其兄李涉隐居庐山读书，曾养白鹿一头，人称白鹿先生。后来，李渤任江州刺史（公元 821—824 年），在其读书旧址建筑台榭，引流植花，名为白鹿洞。南唐升元年间（公元 937—943 年），在此建学校，称庐山国学，亦称白鹿洞国庠。国子监九经李善道为洞主，掌教授，培养了一批人才。宋初改称白鹿洞书院，有生徒数十人。朱熹曾在这里讲学，明清时仍为书院。

白鹿洞书院

2．岳麓书院

在湖南省善化县（今长沙市）西岳麓山抱黄洞下。原为佛寺，开宝九年（公元 976 年）潭州太守朱洞在此基础上建讲堂 5 间，斋舍 52 间，创建岳麓书院。咸平二年（公元 999 年）潭州太守李允则又加以扩建。大中祥府八年（公元 1015 年）宋真宗接见岳麓书院山长周式，并亲书"岳麓书院"匾额以褒奖，"于是书院之称闻名天下"。南宋时张栻、朱熹曾在此讲学，生徒达千人。明清时期仍为讲学场所。岳麓书院有一对联，上联讲的是"修己"——"是非审之于己，毁誉听之于人，得失安之于数，陟岳麓峰头，朗月清风，太极悠然可会"；下联讲的是"安人"——"君亲恩何以酬，民物命何以立，圣贤道何以传，登赫曦台上，衡云湘水，斯文定有攸归"。修己安人之道，正是儒家思想的精髓。

岳麓书院

3．应天府书院

在睢阳（今河南省商丘市），亦称睢阳书院。原为名儒戚同文的故居。宋真宗时，曹诚在此建学舍150间，聚书1500余卷，广招生徒。范仲淹曾在这里执教。

4．嵩阳书院

在河南省登封市太室山（即嵩山）南麓。北魏时为嵩阳寺，唐代为嵩阳观，五代后周时改为太乙书院。宋太宗至道二年（公元996年）称太室书院，宋仁宗景祐二年（公元1035年）更名嵩阳书院，名闻天下。南宋时衰废无闻，清康熙年间重建。

嵩阳书院

5. 石鼓书院

在湖南衡阳县（今衡阳市）北石鼓山。原为寻真观，唐宪宗元和年间（公元806—820年），衡阳士人李宽因寻真观之旧址，构屋读书其中。宋太宗至道三年（公元997年）李士真在李宽读书故址创建书院。明清时仍在。

6. 茅山书院

在江苏江宁府（今金坛市境内）茅山，为宋初侯遗（字仲遗）所建。宋仁宗天圣二年（公元1024年），江宁府知府王随奏请朝廷，赐田三顷，以充书院赡用。

据曹松叶先生《宋元明清书院概况》统计，宋代书院共有203所，北宋占24%，南宋占75%。以河流计算，长江流域占74.76%，珠江流域占21.53%，黄河流域占3.52%。以省份计算，最多的是江西省，有 80 所；其次是浙江省，有 34 所；再次是湖南省，有 24 所。以民办和官办计算，民办的占 50% 以上，民办多于官办。民办书院，以江西、浙江、湖南为最盛。

从以上数字可以看出，南宋书院兴盛，尤其是南宋理宗时期解除了对理学的禁令之后，掀起了大办书院的高潮。长江流域书院发达，是与宋代时这一地区的经济与文化发达分不开的。至于江西、浙江、湖南书院林立，则是因为江西有白鹿洞书院的影响，且朱熹、陆九渊等著名学者在此讲学；浙江是南宋首都临安的所在地；湖南有岳麓书院的影响。这些政治、经济、文化因素，对宋代书院的发展起了重要的作用。

三、元代书院的积极作用

元代对书院采取了保护、提倡和加强控制的政策。早在太宗八年（公元 1236 年）就在燕京（今北京）创立了元代第一所书院——太极书院。至元二十八年（公元 1291 年）元朝明令提倡书院，从而大大促进了元代书院的发展。据王颋（tǐng 挺）《元代书院考略》统计，元代书院共有 408 所，其中新建 134 所，再建 59 所，共建 193 所。在 408 所书院中，除 9 所尚无法知道其所在地点外，其余 399 所则分布于全国 13 个行省中的 7 个行省，依次是：江浙行省 167 所，江西行省 80 所，中书省 55 所，湖广行省 42 所，河南行省 37 所，陕西行省 9 所，四川行省 9 所。由此可见，有人说"书院之设，莫盛于元"，这是有一定根据的。

元朝书院传授的内容，主要是儒家经书和理学家的著作，
学习内容为"五经"《论语》《孟子》等，以及周敦颐、程颢、
程颐、张载、朱熹等理学家的著作。书院中讲授者，有不少是著
名的学者。值得注意的是，元朝有的书院还教授其他学科。如
濮州历山书院设有医学，南阳府博山书院设有数学、书学，鄱
阳县鄱江书院设有蒙古字学等。这在元朝书院中是颇具特色的。

周敦颐

由于元朝对书院采取了保护、提倡和加强控制的政策，元
代的书院一方面在数量上得到了较大的发展，遍及于全国许多
地区，另一方面，由于政府任命书院的教师，控制书院的招生、
考试及学生的去向，并且拨学田给书院，书院官学化的倾向越
来越严重，许多书院甚至已完全被纳入地方官学系统，与路、
府、州、县学一样，成为科举的附庸，丧失了书院淡于名利、志
在问学修身的初衷。尽管如此，元代的书院对于当时文化教育
的普及、理学的传播以及人才的培养，仍起到了积极的作用。

四、书院组织和管理制度及在教学上的特色

1．书院组织

书院主持人称洞主、山长、堂长、院长、教授等。在规模较大的书院中，还设有副山长、副讲、助教等协助山长工作。书院的组织机构比较简单，管理人员少，管理相当严格，学生也参加管理。

2．教学计划

书院通用的主要教材是儒家经典——"四书""五经"。元代初期程端礼拟订的《程氏家塾读书分年日程》，被历代书院所采用，它是书院全面的"教学计划"。程端礼指出了读书的顺序：先读朱熹的《小学》，再读《大学》《论语》《孟子》《中庸》《孝经》，再读《易》《书》《诗》《仪礼》《礼记》《周礼》及《春秋》并"三传"等，然后再读《四书集注》，再抄读"五经"；在读经书的基础上读史书《通鉴》，并读韩愈的文章及《楚辞》；最后练习作文。

3．书院揭示

南宋朱熹制定了《白鹿洞书院揭示》，朱熹认为："近世于学有规，其待学者为已成矣，而其为法又未必古人之意也。故今不复以施于此堂，而特取凡圣贤所以教人为学之大端，条

列如右而揭之楣间。诸君其相与讲明遵守，而责之于身焉。"
因此他提出书院的教育方针是实施"五教"："父子有亲，君臣
有义，夫妇有别，长幼有序，朋友有信。"为了实现这个方针，
朱熹还提出了为学、修身、处事和接物的重要原则。

> 为学之序："博学之，审问之，慎思之，明辨之，笃行之。"
> 修身之要："言忠信，行笃敬，惩忿窒欲，迁善改过。"
> 处事之要："正其谊（义）不谋其利，明其道不计其功。"
> 接物之要："己所不欲，勿施于人；行有不得，反求诸己。"

《白鹿洞书院揭示》概括了儒家道德修养的基本原则，体
现了古代社会教育的主要精神。它不仅成为南宋时期书院的教
规，而且对元、明、清三代的书院都有指导作用，并被一般官学
所采用。

4．讲会制度

讲会是书院讲学的一种重要的组织形式，允许不同学派进
行会讲，展开辩论。所以说，讲会是书院不同于一般学校的重
要标志。书院讲会制度，产生于南宋，在淳熙二年（公元1175
年）吕祖谦在江西信州主持著名的讲会——鹅湖之会。会上朱
熹与陆九渊两个学派就学术问题展开了激烈的辩论。淳熙八年
（公元1181年）朱熹特地邀请陆九渊到白鹿洞书院讲学，并
把他的讲义刻在石上，立于院内。这就为两个不同的学派共同

讲学、互相论辩树立了榜样，开书院"讲会"之先河。此后各学派学者纷纷参加各地书院组织的讲会，宣讲自己的观点，书院也因此逐步形成了讲会制度。直到明清时期，书院讲会制度仍然流行。从讲会制度的组织、仪式、规模及规约来看，讲会制度已超出了书院教学的范围，成为一个地区性的学术讨论会及学术交流会。这样既扩大了书院的影响，提高了书院的社会地位，又丰富了书院的教学内容，提高了书院的教学水平和学术研究的水平。

陆九渊

书院在教学上有以下特点：

① 教学和学术研究相结合。历史上许多著名的书院，既是教学活动的中心，又是学术研究的胜地。在南宋，朱熹等一批学者研究理学，在书院讲授的也是理学；陆九渊等研究的是心学，在书院讲授的也是心学。历代书院的主持人大多是著名的学者，他们用学术研究促进了教学，又以教学带动了学术研究。学术研究是书院教学的基础，而书院的教学又是学术研究的成果得以广泛传播和进一步发展的重要条件。学术研究和教

学相结合，是书院教学的突出特点，这是很有参考价值的。

②　自由讲学与自由听讲。书院允许不同学派共同进行讲学。在南宋时期，朱熹和陆九渊是两个不同的学派，朱熹却特约陆九渊到白鹿洞书院讲学，树立了不同学派共同讲学之新风。历史上有许多学派正是通过不同观点的争辩而逐步发展起来的。书院请名师讲学时，欢迎各界人士前来自由听讲，朱熹、陆九渊在各地书院讲学时，前来听讲的四方学子往往多达数百人。朱熹的学生黄干在白鹿洞书院讲"乾坤二卦"时，"山南北之士皆来集"。书院提倡自由讲学，自由听讲，来者不拒，热情相待，互相切磋，取长补短，把书院内的教学工作与书院外的学术活动有机地结合起来。这些传统和经验，有利于开阔学生的视野，有利于消除各个学派之间的门户之见，对于提高教学质量和学术水平也是十分有益的。这在一定程度上也体现了"百家争鸣"的精神，尽管这种"争鸣"的范围有限，但较之只准先生讲学生听，只此一家别无分店的一般学校教育要自由得多。

③　学生以自学为主，教师重在启发诱导。书院的教学强调学生以个人自学钻研为主，教师则着重用自己的治学经验来指导学生的学习。书院提供充分的书籍条件，教师十分注意对学生进行读书和研究学问方法的指导。书院强调学生要善于提出疑问，教师指导主要采用答疑的方式。当时流行的"语录"，多是书院师生之间质疑或解答问题的记录。教师鼓励学生问难论辩，督促学生带着问题读书。朱熹就强调读书须有疑，"疑者足以研其微"，"疑渐渐解，以致融会贯通，都无所疑，方始是学"。吕祖谦在丽泽书院讲学时，曾提出求学贵在创造，要

求学生独立思考，独立研究，各辟门径，提出习俗的见解，而有新的发明。书院大师们讲学，常常事先备有"讲义"，"讲义"即讲学的纲要。在教师指导下，学生通过质疑问难，可以把学习引向深入；如果读书不求甚解，囫囵吞枣，那是不会有什么长进的。

④ 尊师爱生，情谊深长。书院中的师生关系十分融洽。他们在长期的教学活动中，建立了深厚的感情。这个优良传统，在当时的官学中是少见的。官学之中师生关系冷漠，与此相反，书院教师大多数能以身作则，诲人不倦，对学生充满深情。师生朝夕相处，接触频繁，感情甚笃。教师热心教习，爱护学生，学生虚心求教，尊敬教师。师德高尚的教师还主动向学生推荐比自己高明的教师。朱熹在白鹿洞书院的讲学中，循循善诱，孜孜不倦，一天不讲学就不舒服，甚至在病中还坚持讲经论道。他对学生要求严格，但不是消极的防范或生硬的抑制，而是积极引导，不重"学规"条文的强行约束，而重在启发自觉遵守，所以学生对他很崇敬。陆九渊在教育学生的过程中，能根据学生的个性，对症下药，晓之以理，动之以情，收到很好的教育效果。

书院教育重在陶冶人的品格，反对以追逐科举及第为直接目标的官学教育和社会风气，强调教育的首要任务在培养人的德性。书院大师们常以"人师"自律，学生也以"正其谊（义）不谋其利"的"醇儒"严格要求自己。学生坚持尊师重道，他们从师，不仅要学知识，还要学做人。他们对教师感情很深，从学术到生活，从生养到死葬，都有极为动人的事例，如"程门立雪"就是一个为人们所传颂的尊师故事。许多名师生前深受门徒的爱戴和尊敬，死后会葬时的场面也令人感动。如朱熹和陆九渊去世时，前来会葬的弟子都有千人。书院名师去世后，他们的弟子为了继承师业，纷纷在各地建立书院，广招生徒，继续传播和研究老师所创立的学说。有些弟子对师说还有所发展，并取得新的成就。

程颐

以上这些特点，成为古代书院中的优良传统，它对书院的教学工作、学术研究、师生关系，都起了积极的促进作用。

毛泽东曾经指出："回看书院，形式上的坏处虽然也有，但上面所举学校坏处（指师生间没有感情，用一种划一的机械的教授法和管理法，去戕贼人性，钟点过多，课程过繁，学生全不能用他们的心思为自动自发的研究），则都没有。一来是师生的感情甚笃。二来，没有教授管理，但为精神往来，自由研究。三来，课程简而研讨周，可以优游暇豫，玩索有得。"

书院确实具有这些优点，它对我们今天改进学校教育，颇有借鉴意义。

五、明清书院的发展与沉寂

1. 明代书院发展的曲折过程

明代的书院经历了沉寂——勃兴——禁毁的曲折发展过程。

从明朝建立至孝宗弘治十八年（公元1505年）的130余年间，明朝的书院处于沉寂状态。当时明王朝重视官学的建立和发展，使明初官学呈现兴旺发达的局面，出现了唐宋所未有的盛况。对于书院，明王朝既不提倡，也不修复，任其自生自灭。

从正德年间（公元1506—1521年）到嘉靖年间（公元1522—1566年）明代书院逐渐冲破沉寂，开始兴盛，从而勃兴发达起来。据曹松叶《宋元明清书院概况》统计，明朝书院共计1239所，其中嘉靖年间最多，占总数的37.13%；万历年间（公元1573—1620年）其次，占总数的22.71%。有些省的统计资料亦与上述情况相符。如吴景贤在《安徽书院沿革考》中统计，明代安徽省共建书院98所，其中在嘉靖年间建39所，约占40%。又如刘伯骥在《广东书院制度沿革》中统计，自正德年间起，广东创建书院共150所，其中正德年间建8所，嘉靖年间建78所，万历年间建43所。设立书院的除广州、惠州、高州、潮州、钦州、雷州等州府外，还有一些比较偏远的县。尽管上述数字不一定十分精确，但大致可以说明，明中叶后书院开始兴旺，嘉靖年间则达到极盛状态。

明代书院以省份计算，江西省占19.59%，居第一位；浙江省占10.07%，广东省占10.07%，并列第二。以河流计算，长江流域占 51.25%，黄河流域占 19.43%，珠江流域占 30.73%。
与元代相比，长江流域虽仍占第一位，但其百分比下降了，
珠江流域升到第二位，黄河流域降到第三位。以民办和官办计
算，民办的占 18.98%，与宋元两代相比下降很多；地方官办的占
47.13%，中央及其他官府办的占 17.88%。

　　明中叶后书院之所以兴盛，尤其是珠江流域和广东地区新
建书院明显增多，究其原因有以下三点：第一是因为珠江流域
的经济有了进一步的发展。第二是明王朝出现了宦官专权，政
治腐败，在野士大夫便设立书院，在讲学之余，讽议朝政，裁
量人物，加之官学衰落，官学已变成科举考试制度的附庸，一
些有志于从事学术研究的士大夫便纷纷创建书院，授徒讲学。
第三是由于湛若水（公元 1466—1560 年）和王守仁（公元
1472—1528 年）等著名学者的倡导。王守仁 34 岁起开始在书
院讲学，历时 23 年之久，先后修建了龙冈书院、濂溪书院、稽
山书院、敷文书院等，并在文明书院、岳麓书院、白鹿洞书院讲学。
湛若水一生讲学 55 年，广建书院，门人众多。著名学术大师到

王守仁

处建书院讲学，对于明中叶以后讲学之风的兴起和书院的迅速发展起了直接的推动作用。

值得特别重视的是，王守仁在书院讲学过程中，强调"心即理""致良知""知行合一"的思想，提出"人"是天地的"心"，"良知"是人的"心"。"良知"不但是真实的自我，而且是道德的本原和道德行为的源头，只有体认到这一"真己"，才会有真正的道德意识和道德行为。本体"良知"是人心的本来面目，人们之所以发现不了它，是因为被私欲习气蔽塞了。私欲指的是与"良知"相违背的一切不正当的欲望、态度、要求，如仇恨、邪恶、恼怒、骄傲、贪心、淫念、嫉妒等等。如果一个人内心充满私欲恶念，没有高尚的精神境界，他的文化知识再多，阅读和背诵的经书再多，道德行为规范训练得再多，也是没有意义的。真正的教育只有从一个人的内心意识（良知、良心）开始，才是最深刻、最有效的教育。

不过，明中叶以后，书院曾先后四次遭到当权者的禁毁，第一次是在嘉靖十六年（公元 1537 年），第二次是在嘉靖十七年（公元 1538 年），第三次是在万历七年（公元 1579 年），第四次是在天启五年（公元 1625 年）。这四次禁毁书院，虽然具体起因不同，但均同当时统治阶级内部的矛盾斗争紧密相关，其实质是为了巩固封建专制统治。因为书院有比较自由的学风，有悖于明朝的专制统治，更何况有些书院，敢于讽议朝政，裁量人物，矛头指向专横跋扈的宦官专权，所以受到统治者的忌恨，被下令禁毁。然而书院是禁不住的，嘉靖年间连续两次禁毁书院，但明朝书院反以嘉靖年间为最多。同样万历、天启年

间两毁书院，但万历年间书院数量之多，仅次于嘉靖时期，天
启年间书院亦有一定程度的发展。由此可见，官方越禁，民间
越办；越是禁毁，越是发展，这就是历史的辩证法。

2．明代的东林书院

东林书院

　　在明朝众多书院中，名声大且影响大的莫过于东林书院。
东林书院在江苏无锡城东南，原为北宋教育家杨时（公元
1053—1135 年）讲学之所，后即在该地建书院，因杨时被称为
龟山先生，所以东林书院也称为龟山书院。元代至正年间，废
为僧庐。明万历三十二年（公元 1604 年），无锡人顾宪成（公
元 1550—1612 年）与弟顾允成，在当时常州知府、无锡知县等
地方官支持下，修复东林书院，建有大门、仪门、丽泽堂、川堂、
依庸堂、燕居庙、道南祠、斋舍等，并邀约学者讲学其中，形成

了"东林学派"。顾宪成去世后，高攀龙（公元 1562—1626 年）、叶茂才相继主其事。东林书院以朱熹的《白鹿洞书院揭示》为范本，制定《东林会约》，将"五教之目""为学之序""修身之要""处事之要""接物之要"作为基本内容。

东林书院是当时一个重要的文化学术中心，它形成了一套完备的讲会制度。东林书院的讲会制度是明代书院讲会制度的突出代表，集中反映在《东林会约》的"会约仪式"中。东林书院的讲会定期举行，每年一大会，每月一小会，各三天，推选一人为主持人；讲会之日，必举行隆重的仪式；内容主要以"四书"为主，讲授时，与会者"各虚怀以听"，讲授结束，相互讨论，会间还相互歌诗唱和，十分活跃。此外，关于讲会组织的其他一些方面，如通知、稽察、茶点、午餐等，也都作了具体规定。所有这一切都清楚地表明，东林书院的讲会已经制度化了。从讲会的规约、组织、仪式和规模来看，讲会已经超出了书院的范围，成为一个地区性的学术讨论会。这样，既扩大了书院的影响，提高了书院的社会地位，又丰富了书院的教学内容，提高了书院的教学和学术水平。这是东林书院的一个重要特点。

东林书院的另一个重要特点，即是密切关注社会政治，将讲学活动与政治斗争紧密结合起来。东林书院要求学生要关心国家大事，积极参与国家的政治活动，书院的这个特点，集中地体现在顾宪成为其题写的一副著名对联上：

风声、雨声、读书声，声声入耳；

家事、国事、天下事，事事关心。

这副对联至今仍刻存在书院旧址的石柱上。

顾宪成、高攀龙不仅以东林书院为基地形成了东林学派，而且还形成了一个被称为东林党的政治集团。他们强调讲学不能脱离"世道"，讲习之余，抨击政治，评判权贵，以正义的舆论力量给朝廷施加压力。他们的清议活动，产生了巨大的社会影响，使许多有识之士慕名而来。天启五年（公元1625年）终于遭到魏忠贤为首的阉党的迫害，东林书院被禁毁，许多东林党人，如高攀龙、杨涟、左光斗、魏大中、周顺昌、黄尊素、李应升等横遭迫害致死。由于东林书院社会影响很大，所以魏忠贤等在禁毁书院时，也就把天下的书院都同东林党联系在一起，一律严令禁毁。由忌恨东林党人，而殃及了天下的书院。但不久，崇祯皇帝即位，魏忠贤缢死，其他阉党人物也受到应有的惩治，东林党人得以昭雪，东林书院也于崇祯六年（公元1633年）修复。经历这一番曲折之后，东林书院"名益高，人乃以附东林为荣"，又重新生机盎然。总之，东林书院在中国古代书院发展史上，有其特殊的地位。

3．清代的书院

清朝定都北京后，为了防止人们利用书院讲学，聚众成势，反对清的统治，因而在积极创办官学的同时，严禁创设书院，因此书院的发展处于沉寂状态。

康熙年间，清朝积极采用怀柔手段，笼络汉族知识分子，对于书院则通过赐匾额、赐书籍的方法，加以褒扬。康熙皇帝

御书"学达性天""学宗洙泗""经术渣士""学道还淳"匾额
分赐一些著名的书院，于是各地缙绅之士便积极创立和修复书
院，清代书院逐渐由沉寂走向复苏。雍正十一年（公元 1733 年）
下令提倡书院，确认书院是"兴贤育才"之举，要求督抚与省
会创办书院，并提供经费。在积极倡设书院的同时，官方也加
强了对书院的控制。

清代新建的书院共有 781 所，康熙年间创设的最多，有
233 所；乾隆年间次之，有 228 所。按流域分布统计，到康熙年
间为止，黄河流域占 20.39%，长江流域占 35%，珠江流域占
43.93%。珠江流域升到第一位。从全国来看，书院的发展渐趋
平均状况。按省份分布，据不完全统计，福建最多，有 181 所；
湖南占第二位，有 106 所；广东占第三位，有 102 所。按民办和
官办统计，民办的占 9.65%，地方官办的占 57.10%，督抚办的
占 8.56%，京官办的占 0.48%，敕（chì 赤）建的占 12.60%。
官办的合计占 78.74%。

由此可见，清代书院已经官学化，官方控制书院的设立，
掌握书院的经费，控制书院师长的选聘权，控制书院的招生和
对生徒的考核。大多数书院的中心任务已转向考课，成为科举
考试制度的附庸。光绪二十七年（公元 1901 年）八月，清王朝
采纳张之洞、刘坤一建议，下诏将各省所有书院改为学堂。从此，
延续千年的古代书院制度即宣告结束。

清代书院教育虽多数在官方控制下，为科举作预备，成为
官僚的养成所，但也有些民间书院保持着宋明书院自请教师、
自由讲学的本色。如紫阳书院讲会，据康熙八年（公元 1669 年）

订立的《紫阳讲堂会约》，紫阳书院对入会者要求十分严格，反映了其对当时官学化书院的不正学风的抵制。

清代书院也曾遵循《学记》中的"藏焉，修焉，息焉，游焉"的精神，日有课，月有程，实行讲授与自修相结合，正课与辅课相配合。阮元（公元 1764—1849 年）主持诂经精舍，他常带领学生到附近的第一楼"燕集"吟诗作赋。李颙（公元 1627—1705 年）在陕西关中书院订立的学程，除以儒家经典为主课外，午后遇精神懒散，则"择诗文之痛快醒发者"，如《归去来兮辞》等，"从容朗诵，以鼓昏惰"。颜元主持漳南书院时，课程中还有体育与军事训练。有的书院亦实行学生自学为主，教师从旁辅导。阮元创办的学海堂书院，要求学生在"博"的基础上求"精"，启发学生"识精而思锐，不惑于常解"，鼓励学生自己钻研。教师讲课时，学生便带着作业和疑难问题"执卷请业"，甚至同教师自由论辩。为了使学生的学习向着精深方向发展，书院亦注重因材施教。学海堂书院设 8 个学长，让学生"择师而从"；选择高材生配合学者和教师写书，做到读书与著述相结合。学海堂书院还建立了刊刻制度，将当代有关解经文献，辑成《学海堂经解》1400 卷，作为其重要教学参考书。此外还将本堂师生所写论文汇编成《学海堂全集》《学海堂课艺》等。它对清代学术文化的发展，起到了积极的作用。

经心书院是 1869 年晚清重臣张之洞在湖北创建的著名书院，它是当年地方教育体制的试点与标杆。经心书院的"经心"意味"以治心者治经而经正，以治经者治心而心正"。在改革开放的新时代，弘扬传统文化之风强劲，各地书院林立，其中最引人注目的便是经心书院的重建。重建经心书院是将"经"与"心"相辅相成，使经典活在现在，以"行己有耻""修身立德"为宗旨，以"五常八德"为目标，不断挖掘中华传统文化蕴含的精神财富。中国人要用自己孕育的文明，结合当今世界文明的优秀成果，进行融合、转化，让东方智慧为世界作出贡献，提供营养。

鸦片战争（公元1840年）以后，洋务派办了一些新型学校，维新派也办了一些新的学校。1903年清王朝命张百熙、荣禄、张之洞等以日本学制为蓝本，重新拟订了学堂章程，于1904年1月公布，即《奏定学堂章程》，亦称"癸卯学制"。这是中国第一个以法令形式公布，并在全国推行的学校教育系统。"癸卯学制"的颁布实行，标志着中国几千年遗留下来的官学、私学、书院的旧的学校教育制度的终结，近代新型学校教育制度在形式上正式确立，从而完成了中国学校教育由古代到近代的历史性的转变。

然而胡适却说："书院之废，实在是吾中国一大不幸事。一千年来学者自动的研究精神，将不复现于今日。"20世纪20年代清华大学国学研究院成立是"胡氏略仿昔日书院及英国大学制为研究院绘一蓝图"，目的是取西方大学管理之组织与中国古代书院教学之精神，使二者合而为一。这也为21世纪中国高等教育的改革提供了借鉴。

清华学校校务会议通过的《研究院章程》其中第六章"研究方法"第一则称："本院略仿旧日书院及英国大学制度：研究之法，注重个人自修，教授专任指导，其分组不以学科，而以教授个人为主，期使学员与教授关系异常密切，而学员在此短时期中，于国学根柢及治学方法，均能确有所获。"

清华大学国学院导师像

同年，胡适的好友，同样留美归来的任鸿隽、陈衡哲夫妇联名发表《一个改良大学教育的建议》，特别标举中国的书院精神，希望将其与欧美大学制度相结合："我们以为当参合中国书院的精神和西方导师的制度，成一种新的学校组织。中国书院的组织，是以人为中心的，往往一个大师以讲学行谊相号召，就有四方学者翕然从风，不但学问上有相当的研究，就是风气上也有无形的转移，如朱文公的白鹿洞、胡安定的湖州，都是一例。但是书院的组织太简单了，现在的时代，不但没有一个人可以博通众学，满足几百千人的希望，而现在求学的方法，也没有一个而贯注几百人的可能。要补救这个缺点，我们可以兼采西方的导师制。就是一个书院以少数教者及少数学者为主体；这个书院的先生，都有旧时山长的资格，学问品行都为学生所敬服，而这些先生也对于学校（生）的求学、品行两方面，直接负其指导陶熔的责任。"任、陈《一个改良大学教育的建议》中心思想亦是取西方大学管理之组织与中国古代书院教学之精神，使二者合而为一。

钱穆先生在《现代中国学术论衡》中说："新学校兴起，则皆承西化而来，皆重知识传授，大学更然。一校之师，不下数百人。师不亲，亦不尊，则在校学生自亦不见尊。所尊仅在知识，不在人。"为师的不自尊，求学的不重道，所谓"全人格的教育"根本无法落实。书院之自筹经费，自定章程，注重因材施教，鄙薄标准化教学，强调道德气节的修养，突出师生的情感交流等等，使其容易形成相对独立的学风，造就君子的人格。我们今天完善中华优秀传统文化教育，要求教师"教书"与"育人"并重，所以书院的特点与优势，应引起有识之士的重视。

北京知行合一阳明教育研究院，以企业家为主体、阳明心学为核心的学习型组织

2015年，26位湖北企业家众筹复建经心书院，此后每年延请儒家学者到此讲学

儒家文化与中国古代考试制度

一、从汉代的"察举"到魏晋南北朝的"九品中正官人法"

1. 汉代的"察举"制度

汉代在"独尊儒术"政策指导下，一方面开创太学，培养与选拔人才；另一方面又确立了"察举"制度，发现与选拔人才，通过这两条途径，充实汉王朝的官吏队伍。

所谓"察举"，亦称"荐举""选举"，是由汉王朝的三公九卿及地方郡守等高级官吏依据考核，把民间及基层官吏中的德才兼备者推举给朝廷，由朝廷授予他们一定的官职或提高其官位，加强其管理人才的队伍建设。

其实在汉武帝"独尊儒术"政策确定之前，"察举"就开始了，不过那时还没形成固定的制度，也没严格按照儒家的培养目标考核人才。如汉高祖刘邦曾诏令诸侯王和地方郡守察访民间德才兼备的人，并把这些人才送到京城。如果有关地方长官不执行这项命令，没有把地方上贤德之士推举出来，一旦发觉，就要罢免其官职。汉文帝即位第二年（公元前178年）也曾下诏"举贤良方正能直言极谏者"。文帝还亲自出题策问，要求被荐举的"贤良"之才，针对时政提出建议，答策要封好交皇帝亲自拆阅，评定高下，然后酌授官职。这是汉代皇帝亲自主持考试以选拔人才之始。如在文帝十五年（公元前165年）策试中，晁错（公元前200—前154年）名列前茅，被封了高官。汉武帝即位之后，对于举贤十分重视，刚即位不到一年（公元前140年）就下令举"贤良"。这次被推荐的"贤良"之才有百余人，董仲舒就是在这次"对策"中连对三策被列为上第的。所谓"天人三策"即"罢黜百家，独尊儒术"，"兴太学，置明师"，"重选举，广取士"。这"三策"均被武帝采纳并实施。所以董仲舒被汉武帝拔擢为群儒之首。元光五年（公元前130年）汉武帝再次亲自策问，公孙弘策试第一。

文明薪火赖传承

儒家文化大众读本

汉武帝

汉代察举名目很多，大致分为两类：一类属常科——经常举行的科目，也叫岁举，即为每年定时由各州郡长官按规定名额向朝廷荐举人才之制；另一类属非常科，或叫作特科、特举，即根据皇帝临时需要指定的特别选士科目。常科有"孝廉""茂才"等科，非常科有"贤良方正"（贤良文学）、"明经"、"明法"、"至孝"、"童子"等科。

（1）**孝廉科** 创于汉武帝元光元年（公元前134年），"初令郡国举孝、廉各一人"，即举孝子与廉吏各一人，为按照孝子、廉吏的标准察举人才的科目。至东汉时，孝、廉便"合为一科"，其为两汉察举制中最受重视的常科。由于各郡区域大小不等，人口多寡不一，东汉时则实行按地域、人口比例分配贡举名额，大致每20万人岁举一人。汉和帝时规定："郡国率二十万口，岁举孝廉一人，四十万二人，六十万三人，八十万四人，百万五人，百二十万六人，不满二十万二岁一人，不满十万三岁一人。"被荐举的人，须先试任一年，如能够胜任职守，则可转为正式官职；若不胜任，就要被撤换，而且推举他的地方官员也要受到处罚。

所谓"孝"是对民说的，所谓"廉"是对吏说的。举"孝廉"的目的，一方面是为了选拔清廉纯正仁孝的官吏，充实管理队伍，加强中央集权的力量；另一方面是在民众中宣传道德风化。特别是"孝道"。汉代皇帝很重视"孝"，汉文帝刘恒的谥号是"孝文皇帝"，汉武帝刘彻的谥号是"孝武皇帝"，汉代皇帝除个别外，其谥号中都有一个"孝"字，对"孝"的重视可见一斑。

"孝道"的基本内容是父慈子孝、兄友弟恭，由此形成一种浓烈的家族亲情，对家庭关系从而对汉朝社会的稳定起了极为重要的作用，是民族团结的基石。孝道的扩展就是忠恕之道，在忠恕基础上，中国人形成了"四海之内皆兄弟也""老吾老以及人之老，幼吾幼以及人之幼""不独亲其亲，不独子其子"的宽广情怀和安老怀少的社会风尚。这是中华民族传统美德的集中体现。正因如此中国传统社会中才出现了无数孝子慈父、仁兄贤弟，也培养了许多为民请命、杀身成仁的仁人志士。

人的先天之命就其来源考察是直接由父母孕育的，虽然人出生后就独立于父母之体，但人的根还扎在那里，故而孝敬父母实际上也是在培固自己生命的根基。所以儒家文化强调孝敬父母，不仅有人道、伦理层次上的意义，它还包括着更深刻的生命意义。因为一个人的生命是由大自然和祖祖辈辈等诸多时空因素演化而成，它不是孤立的，而是一条前因后果长线中的一段，一个诸多因素联系网或球上的一点。

不过在汉代察举制度下，士人能否当官，一般取决于能否被推荐；而能否被推荐，又取决于乡间民间的舆论。以"声名"取士，这是察举制度的一个重要特点。因察举重视士人在乡间的名誉，故而"声名"与士子的前途关系极大，于是一些士人作伪求名之事也就层出不穷了。例如东汉初年有位名叫许武的人被推荐为"孝廉"，为了让他的两个弟弟也成名，于是提出分家，许武自取肥田广宅、奴婢强者使他的两个弟弟能获"克让"的美名而获荐举。等其弟弟已被荐举之后，许武又把田地、财产加了三倍归还其弟，他又博得更高的声誉。又如东汉中叶有一人叫赵宣，他在其父母死后住在隧墓中守孝20余年以骗取孝名，实际上他的五个儿子均系隧墓中所生。郡太守陈蕃调查核实后揭穿了真相，斥责他"诳时惑众，诬污鬼神"。由于察举大权操纵在州郡等各级地方官吏手里，士人如没有门第和靠山便很难被举。在这种情况下，士人不得不走权贵之门，交游结纳，士风日恶，出现一些巧饰虚伪、沽名钓誉的伪君子，并被操纵察举的官僚大族所利用。《抱扑子》曾引用过东汉时一首民谣，有力地揭露并抨击了这一腐败现象："举秀才，不知书；察孝廉，父别居；寒素清白浊如泥，高第良将怯如鸡。"

（2）**茂才（秀才）科** 西汉时称作秀才，东汉为避光武帝刘秀之讳改秀为茂，故称茂才。茂才科主要是选拔奇才异能之士，所以又称作"茂才异等"或"茂才特立之士"等。茂才科始于汉武帝元封五年（公元前106年），西汉时为察举特科，或单独举行，或与贤良方正科一并举行。东汉光武帝改其为岁举，此后茂才与孝廉往往并称、并举。但孝廉均为郡举，而茂才西汉时为郡举，东汉时多为州举。

茂才被举的资格，在西汉时虽属吏民并举，但必须是奇才异能之士，若无相当才识与经验者实难应选。茂才之选是对有特异才能和有非常之功的官吏的升迁提拔，所举茂才多授以县令官职，或相当于县令级的官衔。茂才所拜官与孝廉不同，孝廉初多拜为郎，然后再由郎擢为县令。汉制，县令品秩比为1000石至600石，而郎中秩比300石，侍郎秩比400石。显然，茂才的官阶要比孝廉高。但东汉茂才为岁举后，渐成例行公事，所举之人多为无能之辈，及至灵帝时，茂才竟变为金钱交易之物，凡被举茂才，无力出"助军修宫钱"者，不得迁官。迁官要出重资，一时间"颠倒贤愚，贸易选举"，腐败成风。

（3）**贤良方正科** 所谓贤良方正，指德才皆优者。始于汉文帝二年（公元前178年），此后两汉各帝屡有诏举，为汉代察举特科中较为常见并最受重视的科目。此科多开在国家遇有日食、地震、奇特星象、瘟疫流行及各种自然灾害之后举行。依据董仲舒等人"天人感应"之说，各种灾异都是上天对人世帝王过失的警告。由于帝王"治理人民德薄能鲜"，必自我检讨，以期顺天应人而礼诏贤才，广开言路，以匡正过失。

贤良方正科，有时可称"贤良"或"方正"，也可在"贤良方正"之后再接连其他名目，或把"贤良"与"文学"连作一科。所谓"文学"指儒家经典，或指通晓儒家经典之人。如文帝、武帝诏举贤良方正，得举者晁错、董仲舒、公孙弘等皆称"举贤良文学"。察举贤良方正，是依照皇帝诏令，由诸侯王、列侯、三公、将军、诸卿、中二千石、二千石、司隶校尉、州牧、郡守、国相等高级官吏举荐。被荐人的资历绝大多数为现任官吏及州郡属吏，且博学通经，明达政务，察举出的贤良送至朝廷，由皇帝亲自主持对策，有时皇帝还要"两策""三策"，反复进行策试。对策多问以治国之道、历代兴衰之变或有关经义方面的问题，皇帝对应举人的对答分别高下，而后授以官职。对策后所授之官多为秩比 600 石以上至秩比 2000 石之间。

（4）**明经科**　察举通晓儒经之人才。自汉武帝独尊儒术以来，两汉各科察举都重视儒经，而又专设明经一科，更表明对儒经的高度重视和大力提倡。汉武帝元光五年（公元前 130年）诏举"明当世之务、习先圣之术者"，可能是明经科的开端，但明确专置明经科则是在东汉元和二年（公元 85 年），是年汉章帝下诏："令郡国上明经者，口十万以上五人，不满十万三人。"此诏为明经科专设的明确规定。东汉顺帝阳嘉元年（公元 132 年）又规定"试明经下第者补弟子"，即对于举明经科的士子考试不合格者，需进太学中补为弟子，以便深入研究儒经。这就沟通了察举与学校之间的联系。明经科考试不合格者可补太学弟子，以便今后再试明经科，为后世"科举必由学校"之滥觞。东汉质帝"本初元年（公元146年），令郡国举明经年五十以上、七十以下诣太学"。凡明经科举出的士子超过50岁者，也送至太学深造，继而参加太学的考试，"其高第者上名牒，当以次赏进"。

（5）**明法科（治狱平）** 察举明习法律的人才。西汉后期，面对社会危机，朝廷强调法治，平帝元始二年（公元2年）令"中二千石举治狱平，岁一人"。平帝时将察举治狱平定为岁举。此科的开设，实则在宣扬儒术德治的同时，也不忽视法治，强调国家应注意选拔明习律令的人才，给予研习刑法律令的人以升迁的机会。

（6）**童子科** 汉代察举还专设"童子科"，规定年龄在12岁至16岁之间，能"博通经典"的可选入"童子科"。汉初就注意对才能优异的少年儿童破格推举并任用。据《文献通考》载："汉兴，萧何草律曰：太史试学童，能讽书九千字以上乃得为史；又以六体试之，课最者以为尚书御史、史书令史。"东汉规定儿童年12岁至16岁，能"精通经典者"可以入选，年幼才俊者拜童子郎，授以官职。如左雄把聪明通经的少年谢廉、赵建章举为童子郎。当时，童子郎曾风行一时，如臧洪15岁拜童子郎、任延12岁号为"圣童"、杜安13岁号为"奇童"、黄香12岁"博学经典"号曰"天下无双，江夏黄童"。察举童子是一种发掘早慧、奖励天才儿童的方法，这表明中国早在汉代就重视对才能优异的少年儿童的培养和擢用。

此外，汉代察举还有勇猛知兵法科、治剧科（察举能治理难治理的郡县方面的人才）、尤异科（察举官吏中政绩最好的人才）、明阴阳灾异科与有道科、至孝科等，科目设置五花八门，常科与特科相兼，文实相济。汉代察举诸科的名目多为唐代科举考试制度科目所沿袭，如秀才（茂才）、明经、明法、孝廉、贤良方正等科亦为唐代科举考试制度的科目。

汉代察举制的关键环节在于推荐人的举荐，而举荐的标准如德行，没有明确的衡量标准。时至东汉，贵戚操纵察举，权门请托、贿赂公行之弊横生，同时随着所举孝廉连年增加，太学生岁试高第补郎者亦甚众，造成已非有限之官缺所能消纳，应举未官者颇多，更加重了权门贵戚奔竞请托。针对其流弊，东汉顺帝时的尚书令左雄于阳嘉元年（公元132年）上书痛陈腐败现象，强调要用贤才，而要用贤才必须严格考试。因此他建议：察举"孝廉"第一要限制年龄，"不满四十，不得察举"，因为孔子说过"四十而不惑"。第二要严格考试，"诸生试家法，文吏课笺奏，副之端门，练其虚实，以观异能，以美风俗。"意思是说，考试内容主要有两项：一是考儒家经典，并依据自己的"师法"与"家法"理解；二是考治政的表奏、文件等。先要在公府初试，然后在端门（即后来的御史台）复试。经过严格考试之后，才可选到有真才实学的贤才，以改变当时的不正之风。汉顺帝接受了左雄的建议。左雄在改革察举制度中起了重要作用。第二年（公元133年）考试时，经严格复试，因错误推举而被降职免官者达十余人，这一下官吏们便不敢轻举了。

西汉岁举孝廉是不需要考试的，但是其他选士科目采用考试来甄别士之高下。左雄改革加强了察举中的考试因素，为后世以考试为核心的科举选士制度提供了借鉴。

总之，汉代察举选拔人才的制度，以推荐为主，以考试为辅，在推荐的基础上进行考试，这是汉代察举制度的重要特点。考试的方式很多，归纳起来有以下几种：

① 皇帝策试。皇帝亲加策试，从文帝、武帝始，直到东汉一些皇帝在察举诏令中，常有"朕将亲览""朕将策之"等语。

② 公府考试。郡国地方岁举人才到京师后，由公府分别考试。东汉左雄改革以后，创立了在端门复试的制度，表明考试的成分越来越重，成为汉代察举制度发展的一个重要趋势。

③ 太学课试。太学不仅是国家最高学府，也是一个国家的考试机关。太学除负责太学生的教学与考试外，也允许非太学生参加太学代表政府举行的定期考试，并根据成绩给予校外知识分子一种荣誉或资格，作为分配职务的重要依据之一。

④ 童子考试。对智能优异的少年儿童给予单独考试并破格推举、任用。

汉代选拔人才，以荐举为主，辅以考试。察举是否得其人，还要经过考核，以试其实，最后量材录用。这种荐举与考试相结合的方式，可以更加全面地衡量选拔人才，既可在一定程度上减少举而无实，靠请托而擢选，又不至于仅凭一纸试卷定取舍，而忽略素日品行才学。这是汉代察举制度与考试制度给后世留下的宝贵的经验，值得我们重视。

2. 魏晋南北朝的"九品中正官人法"

魏晋南北朝时期分裂动乱，战争频繁，士人流散各地，乡、亭、里地方组织遭受破坏，致使汉朝以来的"乡举里选"为主的察举制度，事实上难以实行。这时期豪强地主垄断政权，形成了势力强大的门阀士族集团。这一特权地主集团当然要求把持做官的权力。士族有门阀高低的不同，那么怎样按照门阀的高低来分配政治权力呢？这就必须对选士制度进行改革了。

曹操（公元155—220年）大胆提拔出身微贱的士人，提出了"唯才是举，以备录用"的用人政策，他认为在选人任官时不要求全责备，对于能够治国安邦的人才，即使是品行不周也不要遗弃他们，因此他曾招揽了许多俊士豪杰。他不拘一格选任贤才，是为了改变东汉以来大族名士主持乡间评议、控制察举的局面，为建立自己的集权统治服务。

但是曹操的这种用人不问门第身份的做法，遭到门阀士族的抵抗，因此他始终未能登上皇帝的宝座。曹丕（公元187—226年）即帝位之后，听从吏部尚书陈群的建议，推行"九品中正官人法"，承认了士族做官的特权，获得了世族大家的拥护。

曹操

九品中正官人法的具体做法是：

①　设置中正。郡置小中正官，州置大中正官，由司徒选择"贤有识鉴"的现任朝廷官员兼任其原籍的郡小中正或州大中正。

②　品第人物。中正官负责察访与之同籍的士人，了解其家世源流，整理其德才表现材料，并据此做出简短的总评语。"家世"也称"品"，本人才德谓之"状"，中正官注明士人"品状"后评定其等第。等第分为九品——上上、上中、上下、中上、中中、中下、下上、下中、下下。

③　按品授官。中正官将品第士人的有关档案材料造成表册，定期送交司徒府，司徒核定后再由尚书录用。通常是官位尊卑与品第高低必须相符，即上品者任高官，下品者任卑职。要升官必须升品，而降品即等于免官。

九品中正官人法是在魏晋南北朝这种特定的历史条件下，仿效名士左右乡论，进而把持选用人才大权的一种选举制度。它既是名士望族控制士人的方式在国家用人制度中的反映，又是对名士望族的制约。这种对名士望族的制约性，决定了九品中正官人法具有一定的进步性，确实起过选贤使能、唯才是举的积极作用。尤其是在开始推行九品中正官人法的一段时间内，政府选择中正官比较慎重，许多中正官符合"德充才盛"和"贤有识鉴"的标准，中正官一般比较认真负责，不负责者要受到纠弹，品第人物能以才德为主要依据，而不专重家世阀阅。这样就在一定程度上扭转了东汉以来州郡名士操纵舆论、左右荐举和征辟的局面，或多或少地扫除了那种浮华朋党的歪风邪气。朝廷对选举大权的控制得到加强，国家也就能够经常得到一些有用之才。上述"清定"之制，也有助于士人奋发进取，并有利于仕宦之人忠于职守、廉洁奉公。因此，九品中正官人法初创是选士制度的革新。

然而魏晋之际，士族势力日益膨胀，中正官几乎全部被盘踞朝廷的士族大官垄断，而品第士人的标准也就逐渐舍弃才德，不论贤愚，专讲家世门第了，甚至发展到"上品无寒门，下品无士族"的程度。于是九品中正官人法就变为扩大士族势力、巩固门阀制度的工具了。这样就堵塞了寒门之人做官的道路，寒门知识分子的进学积极性受到严重打击。西晋文学家左思在《咏史》中写道：

> 世胄蹑高位，英俊沉下僚。
> 地势使之然，由来非一朝。

而那些门阀士族子弟也不屑于学习，他们所谈的是虚玄，即使学习儒经也只是作为清谈的资料，他们当然更不肯认真地学习经术了，这也严重地影响了当时的学校教育和学术风气。

虽然这一时期选官制度的支柱是九品中正官人法，但朝廷上在选人任官时还要通过一些具体的途径来实现。这些途径，大体上还是沿袭了汉代察举的一些办法。到了东晋、南北朝时，还举行考试。孝廉科，考儒经；秀才科，考策问（即治国方策）。当时察举经常举行孝廉与秀才两科考试。如西晋武帝泰始年间（公元265—274年）郤诜（xì shēn 细申）、阮种被推举后考试优秀均居"上第"，有人怀疑其中有假，因此晋武帝亲自审阅他们的对策，"又擢为第一"。晋武帝十分高兴地问郤诜："卿自以为何如？"郤诜回答说："臣举贤良对策，为天下第一，犹桂林之一枝，昆山之片玉。"这是以稀世珍宝比喻人才之可贵。所谓"桂林之一枝"的"桂"，指的是月亮中的桂树。后因传说月亮中有只金蟾，月亮也被称之为"蟾宫"，所以考取第一，也称为"登蟾宫"。唐代诗人白居易先考上了进士，他的弟弟白敏中后也考上了进士，他写诗贺其弟："桂折一枝先许我，杨穿三叶尽惊人。"后人就用折桂比喻考中进士。又如，刺史嵇绍推举华谭为秀才，晋武帝又亲自策试，认为华谭才华出众，是九州秀才、孝廉所不能比拟的。这说明西晋武帝时期也重视考试。

东晋初年，凡是地方荐举的秀才、孝廉都不考试，朝廷立即授予官职。东晋元帝大兴三年（公元 320 年）命令试经，"有不中科，刺史、太守免官"，"秀孝多不敢行，其有到者，并托疾"。这就是说，地方荐举的孝廉、秀才还要考试，成绩太差的，所荐举地方的刺史、太守就要被免官。所以许多被举为孝廉、秀才的不敢来朝廷报到，即便来了也托病不考。这反映出当时被荐举的孝廉、秀才，很多是没儒学基础的，只是凭借门第和关系被荐举的。针对这种情况，尚书孔坦建议让这些被荐举来的秀才、孝廉在学校补习几年后再参加考试。元帝同意被荐举孝廉的可以延到七年后再考试，而被荐举秀才的仍然是举后即策试。因此诸州秀才听到要考试就惧怕，不肯去，结果只有谷俭一人报到，没能策试，他以为耻，上表要求策试，后考试优秀，任为"中郎"。

南朝宋武帝永初二年（公元 421 年），武帝亲至延贤堂策问秀才，表示重视考试。宋文帝元嘉年间（公元 424—453 年）限年 30 岁以上方能为官，增加了年龄限制。由于荐举中滥竽充数、弄虚作假的相当普遍，因此孝武帝孝建元年（公元 454 年）下令要"非才勿举"，被荐举来的人如不堪任用，要遣送回乡甚至加以禁锢。明帝泰始三年（公元 467 年）尚书都令史骆宰提出策试秀才的评定成绩标准，五个问题全答对了为上等，答对了三四道题为中等，答对两道题为下等，一道都答不对的落第。尚书殿中郎谢超宗不赞成这种办法，认为不必看答题多少，主要看回答内容是否正确深透。最后孝武皇帝还是同意骆宰的建议。这是历史上第一次提出"对策"的具体评分标准问题。

南朝梁武帝天监四年（公元 505 年）设立了五经博士，并开设"五馆"，学生由学馆供给膳宿，学馆中定期考试"五经"，成绩优良的，便可委派官职。这五馆学生不限名额门第，既照顾了士族的权利，同时也给中小地主、寒门子弟以受教育的机会。所以四方弟子负笈求学非常踊跃。天监八年（公元 509 年）梁武帝下令说：凡经过考试能通一经的，随才录用，中小地主、寒门子弟也不例外。如岑之敬年 16 岁，考试《春秋左氏传》与《孝经》，成绩优秀，被擢为高第，梁武帝亲自策试，提出许多难题，岑之敬对答如流，因而授"童子奉车郎"官职并给以优厚赏赐。梁朝的贵族子弟在考试中多"顾人答策"，即雇人替自己考试。大同八年（公元 542 年）袁宪 14 岁为国子学学生，国子学博士周弘正当众考试，质疑问难，袁宪神色自若，回答正确无误，国子学博士十分满意。当时国子学学生考试多行贿作弊，而袁宪的父亲拒绝歪门邪道，严格要求袁宪，所以考官出题刁难，袁宪对答如流，不久被举为高第。这反映了梁朝考试的趋向明显地加强，也反映了考试中曾出现了行贿与雇人代答现象。

北魏孝文帝多次下诏察举，亲临思义殿，策问秀孝。宣武帝时，孝廉、秀才策问盛行，每年人数很多。考察孝廉着重于儒经章句，策问秀才除儒经章句外，还考察文学修养。孝明帝时，举秀才，"问策五条"，这是因袭了南朝宋明帝时五问全答为上策的考试标准。

北齐承北魏旧制，也注重考试。文宣帝天保十年（公元559年）命令辛术察举官员百人，辛术重视考试，"取士以才器"，考试射策十条，能通八条以上，给以九品官职。北齐皇帝常坐朝堂，亲自策试秀才、孝廉，发现有错漏字者，即点名训斥，罚退站在席后；对字体不工者，即罚饮墨水一升；凡文理不通者，即夺去座位并解下佩刀。这是皇帝利用考试集中选取官吏的一种方式，也是后来科举殿试的先声。北朝后期由于九品中正官人法走向衰落，在荐举孝廉、秀才时对门第出身的要求不断放松，对考试的要求却越来越严。

北朝的秀孝之选，形成了秀才试文、孝廉试经的考试格局及严格的考试等第评定，出现了黜落之法，致使察举秀孝日趋向一种以考试为中心的取士制度演变。

此外为改变门阀士族"平流进取"、无功受禄的状况，北朝最高统治者加强了官吏的考课制。如魏宣武帝景明年间（公元500—503年）以后"三年成一考，一考转一阶"的考试制度化。考试的成绩直接影响到迁叙的问题。随着察举秀孝考试制度的加强，推及公府辟召、学校擢选及官吏考课诸环节，北朝日益强大的皇权通过加强考试制度举用贤才，以保证训练有素的官吏承负职事，确保官僚机器的正常运转，并以此强化其皇权地位，抑制士族势力；同时以加强察举中的考试和官吏考课，补救九品中正官人法中的诸多流弊。

总之，魏晋南北朝时期居于主导地位的九品中正官人法，是以"唯才是举"为起点，却以压抑人才而告终。这时期仍沿用了两汉的察举选士制度，却被纳入了受"九品中正"制约的范围之内，所谓"吏部选用，必下中正"。虽然察举士人也被纳入中正品第的范围之内，但却与中正品第士人迥然有别，其品第的上下，是由其考试成绩决定的。考试便成为察举制颇具特色的部分，皇帝常借助于察举秀孝以复兴皇权下的官僚政治，抑制士族政治。而察举秀孝中加强了考试，即已包含了考试选士制度的一些因素。如察举秀孝为科举考试选士制度的科目设置做了准备，察举秀孝开始出现了自由报考的端倪，察举制在考试方法与淘汰方法上也为科举考试制度提供了借鉴。所以说南北朝后期察举制实施的重心开始向考试方面转移，这就孕育了国家设科招考和士人自由报考的分科考试制度的产生。依靠门资的九品中正官人法已不能适应社会发展的要求，迫切需要一种新型的选官考试制度来替代它，科举考试制度便应运而生了。

二、隋唐的科举考试制度——"天下英雄入吾彀中矣"

1．隋代开创科举考试制度

隋代建立之初，也实行过九品中正官人法。但由于这种选官制度不利于中央集权的加强，隋文帝很快废除了这种制度，把选官任人的权力集中到中央朝廷的吏部。开皇七年（公元587年）命各州每年向朝廷荐举三人做官。开皇十八年（公元598年）命"京官五品以上及总管、刺史，以志行修谨、清平干济二科举人"。可见这时隋已摆脱了九品中正制的旧路子，开始向科举取士的新路子过渡。

隋炀帝大业三年（公元607年）诏令"文武有职事者，五品已上，宜依令十科举人"。明确提出"十科"科目：孝悌有闻、德行敦厚、节义可称、操履清洁、强毅正直、执宪不挠、学业优敏、文才美秀、才堪将略、膂（lǚ吕）力骁（xiāo消）壮。大业五年（公元609年）又将十科减为四科。分科考试选拔士人的旨意越来越明确。其中仍有"文才美秀"科，即进士科。进士科以考试策问为主，一般把隋炀帝创设进士科作为科举考试制度正式产生的标志。科举考试把录取和任用权完全集中于中央。科举考试取士的特点是录取标准专凭试卷，专重资才，而不是由地方察举。所谓声名德望已不再是主要的依据了。两汉、魏晋南北朝时期的察举和九品中正官人法，虽也含有考试，但以推荐察举为主，而隋以后的科举则以考试为主。这是中国古代选士制度上的一大分界线。科举考试制度的开创，在一定程度上限制了门阀士族把持选士的局面，为庶族、地主参加政权开辟了道路，扩大了统治阶级的阶级基础。这是隋代为了维护与巩固其统治，在政治上进行的一项重大改革。科举考试，毕竟有了相对稳定的客观标准，轻门第，重才学，任人唯贤，这在中国古代选士制度上确实是一次变革，是一个进步。不过隋的科举考试制度尚属于开创阶段，还很不健全。它可谓是沟通由察举制向科举制过渡的运河，从此开创了中国考试制度的新纪元。科举考试制度成为支撑官僚政治的有力杠杆，同时又是隋唐以后中国封建社会文化教育的有效指挥棒。

2．唐代科举考试制度的发展

唐代国运较长，政局相对稳定，这为科举考试制度的发展创造了条件。唐王朝一方面要求地方官员向朝廷推荐德才兼备的人才；另一方面积极推行科举考试制度，逐步扩大考试科目，增加考试内容，完善考试程序，从而使科举考试制度取代了以荐举为主的选士制度，成为当时领先于世界各国的用人取士制度。

唐太宗执政时期，实行偃武修文的文教政策，重振教育，扩建学校，兴建校舍，为国家培养后备人才，以确保科举取士的数量与质量。同时，大力推行科举考试制度，开科取士，网罗人才，以达到巩固唐王朝的目的。他规定进士读一部经史，要求参加科举考试的士子每年农历十一月初一赴尚书省，第二年三月二十一日考试完毕。由于实行学校和科举考试并重的指导方针，这一时期学校教育制度和科举考试制度都得到了较快的发展。

　　唐高宗时期,科举考试制度日趋健全,取士名额有所扩大。上元二年（公元 675 年）加试贡士《老子》策。武则天要求参加明经科考试的士子都要学习《孝经》和《论语》,并以此为科举考试的一项内容。后她又规定贡举人停止学习《老子》,改学她编的《臣轨》。《臣轨》是武则天规诫群臣"镕范身心"的训条,是长寿二年（公元 693 年）至神龙元年（公元 705 年）期间科举考试读本。《臣轨》仿唐太宗《帝范》,编为同体、至忠、守道、公正、匡谏、诚信、慎密、廉洁、良将、利人等十篇,二卷,各篇均有注文加以阐释。直到唐中宗复位后,才废除学习《臣轨》,重习《老子》。武则天不重视学校教育,十分重视科举考试制度,她亲自策问贡士于洛城殿,开创了科举考试中殿试的形式。她令人练武习功,以长垛（duò 舵）、马射、马枪等为考试内容,通过武举来选拔军事人才,从而开创了武举的先例。她针对考场舞弊之风,要求在考试时,自糊其名,暗考以定等第,开创了糊名考试的方法。她大开制科考试,通过制举,"文策高者特授以美官","起家或拜中书舍人、员外郎,次拾遗、

武则天

补阙"，"其次与出身"。对于出身低微的士子，这是获官、至少是取得入仕资格的一条便捷途径。在职官员也可通过制科考试迅速擢升。

唐玄宗纠正了武则天轻学校教育重科举考试的做法，重新调整了学校教育和科举考试制度之间的关系，使二者都得到发展。开元二十一年（公元733年），诏天下每岁贡士，减《尚书》《论语》策，加试《老子》。开元二十九年（公元741年），在京都长安设置了崇玄学，地方诸州也设立了崇玄学，同时增设道举来选拔精通道家著作的人才，道举考试的方法和明经科相同。天宝十二年（公元753年）"敕天下罢乡贡，举人不由国子及郡县学者，勿举送"，即是说，凡参加科举考试的人，必须经过中央官学和地方官学的学习。到了天宝年间（公元742—756年），科举考试制度已经发展成为一种完备的考试制度了。"开元以后，四海晏清，士无贤不肖，耻不以文章达。其应诏而举者，多则二千人，少犹不减千人。"

唐德宗贞元五年（公元789年）改革了明经科的考试内容，将以前试《尔雅》改为试《老子》。贞元六年（公元790年）为防止考官舞弊，实行别头考试，即把考官的亲属交给吏部的考官去负责考试。以后仍有局部的小调整。

3．唐代科举考试的手续

唐代参加科举考试的考生，来源有二：

一是"生徒"，即当时在中央官学与地方官学上学的在校生。

只要他们在学校内考试合格，便可以直接参加朝廷尚书省主持的考试，也称为省试。

二是"乡贡"，即不在学校上学的社会知识青年欲参加科举考试的，可以向所在州、县官府报考。

报考办法是：每年仲冬（农历十一月），中央官学和州县学馆把通过校内考试合格的"生徒"名单报送至尚书省。"乡贡"则由各人带自己的身份材料、履历证书向所在州、县报名。州、县逐级对他们进行考试。合格者由地方官长史举行乡饮酒之礼饯行，然后送至京城长安参加尚书省的省试。无论"生徒"或"乡贡"，送至尚书省报到后，均须填写姓名、履历及具保结（有担保人），由户部审查后，送考功员外郎考试，自开元二十四年（公元736年）起移试于礼部。礼部命题考试的时间，大约是每年暮春（农历三月）。所以当时有"槐花黄，举子忙"之谚，后有苏东坡"强随举子踏槐花""槐花还似昔年忙"之诗。省试发榜后，合格者再参加吏部复试，吏部发榜后，合格者才可授官。简单地说，报考的步骤是：乡试（州、县考试）——省试（尚书省礼部考试）——吏部复试。

唐朝廷规定，触犯过大唐法令的人、工商之子以及州县衙门小吏不得参加科举考试。如将上述不合格的士人推举到尚书省应试的，无论是学校的祭酒还是地方官长史，都要受罚。所以《新唐书·选举志》说："凡贡举非其人者、废举者、校试不以实者，皆有罚。"唐律对此有具体规定："诸贡举非其人及应贡举而不贡者，一人徒一年，二人加一等，罪止徒三年。……若考校、课试而不以实及选官乖于举状，以故不称职者，减一等。"为了确保科举考试的公正，有的皇帝微服私访，多方听取意见，考察科举考试之得失；有的皇帝亲自出题，主持考试；有的皇帝亲开制举，不许举人称门生于私门而不知有朝廷和皇帝。

唐代科举考试起初由吏部考功员外郎主持，后因吏部考功员外郎是从六品上，地位较低，不便主持全国规模的科举大考，开元二十四年（公元 736 年）诏定由礼部侍郎主持，礼部侍郎是正四品上，从此科举考试改由礼部掌管，礼部对朝廷、皇帝负责。科举考试管理权的转移，主司品位的提高，也相对地提高了科举考试的权威性、严肃性和感召力。而且考试于礼部，铨选于吏部，也可以起到分权制衡的作用，礼部、吏部两部可相互监督、相互制约，共同对朝廷、皇帝负责。

唐代礼部下设贡院，考试、阅卷等均在贡院举行。主持省试的官员称作"知贡举"，泛称作"主司""主考""主文"和"有司"等。皇帝有时也临时使职差遣，如以兵部侍郎、门下侍郎、户部侍郎、中书舍人、国子祭酒、尚书右丞、太常少卿、吏部尚书、左仆射、工部侍郎、左谏议大夫、黄门侍郎、御史中丞、刑部尚书等官员充任主考官。

省试一般在京师长安举行，但也有例外，如肃宗时正当安史之乱，士人流离，交通断绝，省试分于几处举行。代宗时，值全国广遭水旱灾荒，礼部侍郎贾至知贡举建议省试分别在京师长安、东都洛阳两处举行，故当时便称知贡举为"知两都"。

4．唐代科举考试的科目和方法

唐代科举考试设科繁多，不同时期其科目设立也不尽相同，前后总计不下几十种。其中常设的科目有：秀才、进士、明经、明法、明字、明算、一史、三史、开元礼、童子、道举等科。此外，还有制科和武举科等。

秀才科　考方略策（计谋策略）五道题，依文理通顺透彻程度分为上上、上中、上下、中上四等录取。隋唐时代均以秀才科为最高，所以被录取也最难。隋代秀才科先后录取不过十余人，唐代秀才科每次录取的仅一二人。秀才科录取后，按四等授予官位，即正八品上、正八品下、从八品上、从八品下。由于秀才科录取的难度较大，唐初举行了一段时间，后来就停止了。所以顾炎武在《日知录》中说："唐时秀才，则为优异之科，不常举。"

进士科　唐初仅考时务策（当世要事的对策）五道，后增加考试帖经和杂文。帖经是考默写经书的能力。杂文是指以规谏、告诫为主题的箴、铭，晋朝的陆机在《文赋》中说："铭博约而温润，箴顿挫而清壮。"经策全通为甲等，策通四道、帖通四道以上为乙等。唐中叶后又增考诗赋，并重视诗赋的考试。往往帖经不合格的，如果诗赋考得好也可以录取。这是唐诗兴盛的反映，同时又反过来促进了唐诗的进一步发展。进士科录取分为两等，甲等授予从九品上之官职，乙等授予从九品下之官职。

唐代进士科最受士子青睐，《唐摭（zhí 职）言》说："缙绅虽位极人臣，不由进士者，终为不美。"唐玄宗时每年参加进士科考试的，"常不减千余人"，及第者最多时不过30余人。《全唐诗》中有"桂树只生三十枝"，反映了进士科每次录取名额不过30人左右。据徐松的《登科记考》统计，终唐之世计289年，贡举进士为266次，及第进士为6442人，按《通典·选举三》每年应举数"多则二千人，少犹不减千人"计算，唐代约计有50万人次参加过进士科考试，平均每年及第在23人到24人之间。这与《通典》所载"其进士大抵千人得第者百一二，明经倍之，得第者百十一二"基本相符合。进士科之所以受到社会的广泛重视，与进士及第者往往受到重用有关。有的进士及第者位及宰相，从唐宪宗到唐懿宗期间共有宰相133人，而其中进士出身者有98人，约占宰相总数的74%，宰相中进士出身的人数已占绝对优势，反过来又促使朝野上下更重视进士科。唐玄宗时礼部员外郎沈既济曾说："是以进士为士林华选，四方观听，希其风采，每岁得第之人，不浃（jiā 佳）辰而周闻天下，故忠贤隽彦蕴才敏行者咸出于是。"正是由于进士科及第者官位显赫，录取人数又少，所以进士科也最难考。

明经科　又可细分为五经、三经、二经、学究一经、三礼（即《周礼》《仪礼》《礼记》）、三传（即《春秋左氏传》《春秋公羊传》《春秋穀梁传》）等。在唐代按经书的分量又把经书分作大、中、小三类：《礼记》与《春秋左氏传》被称为大经，《诗》《周礼》《仪礼》被称为中经，《易》《尚书》《春秋公羊传》《春秋穀梁传》被称为小经。《论语》《孝经》为共同必试，要求参加科举考试的人都要掌握。明经科就是考以上儒家经典

著作，方式分帖经、墨义、时务策与口试等。据《新唐书·选举志》
载，唐代明经科，先考帖经，每经考十帖，每帖考三言，通六帖
以上者为合格。然后墨义（或口试）经义十条，通十条为上上，
通八条为上中，通七条为上下，通六条为中上，余者为不合格。
然后考时务策三道，通二道为合格。帖经、墨义（或口试）、
时务策三项考试皆合格的被录取。明经科的录取分为四等，分
别授予从八品下、正九品上、正九品下、从九品下等官职。明
经科的考试要求是不高的，只要求熟读经义注疏就行，对于经
义也未必真懂；录取的比例也较大。进士科大约每 100 人只有
一二人被录取，而明经科大约每 10 人就有一二人被录取。唐有
重进士、轻明经的倾向，故有"三十老明经，五十少进士"的谚语，
意思是说 30 岁的人去考明经科，算是年纪老的了，而 50 岁的
人去考进士科，算是年纪轻的了，足以说明考明经科容易，考
进士科很难。

明法科 即法律科，主要考律、令等知识。试策共十条，
其中律七条，令三条。全通为甲等，通八条以上为乙等，通七
条或七条以下为不合格，不能录取。明法科的考生来自律学的
学生和州、县的乡贡。明法科主要是试考生对朝廷刑法和国家
组织制度的了解程度。录取人数很少，有史可查的有李朝隐等。

明字科 也称"明书科"或"书科"。明字科先试帖经，然
后口试，最后试策。帖经试《说文》六帖，《字林》四帖，共十帖；
口试"不限条数，疑则问之"；口试通过后再笔试《说文》《字
林》二十条，答对十八条为合格。并且"凡明书，试《说文》《字
林》，取通训诂，兼会杂体者，为通"。明字科考生来自书学学生，

合格者再经祭酒审定，而后参加省试，省试及第，仅取得了科举出身，再经吏部铨选才能放官。明字科及第叙任的品阶是从九品下。明字科考核的是文字、训诂知识和书法，明字科的设置也反映了唐代重视书法的风尚。古代著名的楷书家欧阳询、颜真卿、柳公权和草书家张旭、怀素，除欧阳询生于隋唐之际外，其余四人都生于唐代，另外还有虞世南、褚遂良等书法家也生于唐代。宋代朱翌曾言："唐百官志有书学，故唐人无不善书，远至边裔书史、里儒，莫不书字有法，至今碑刻可见也。往往胜于今之士大夫，亦由上之所好，有以劝诱之。"

明算科 即算术科，着重考核算术，要求详明术理。主要考《九章算术》三条，《周髀（bì 毕）算经》《海岛》《孙子》《五曹》《张丘建》《夏侯阳》《五经算》各一条，十通六者为合格。《记遗》《三等数》帖读十得九者为合格。另一说为："试《缀术》《缉古》录大义为问答者，明数造术，详明术理，无注者合数造术，不失义理，然后为通。《缀术》七条，《缉古》三条，十通六。《记遗》《三等数》帖读十得九，为第。落经者，虽通六，不第。"明算科考生主要来自算学生，算学生学业完成后参加国子监考试，合格者再参加科举省试，及第后待铨选后叙任官员为从九品下。

诸史科 即历史科。"一史"，主要考《史记》。"三史"，主要考《史记》《汉书》《后汉书》。史科为唐穆宗时所设。每史问大义百条、策三道，义通七十条、策通二道者合格。

开元礼科 即礼制科，主要考唐玄宗开元年间所制定的礼仪制度，为唐德宗贞元年间所设。应试者通大义七十条、策二道者为合格，通大义百条、策三道者超资授官。

童子科　规定凡 10 岁以下能通一经及《孝经》《论语》的，皆可参加童子科考试。能背诵十卷的可以授官，能背诵七卷的可以授予出身。

道举科　唐玄宗时举行过，主要考《老子》《庄子》《文子》《列子》等。这是唐朝注重道家思想、扶持道教势力的反映。

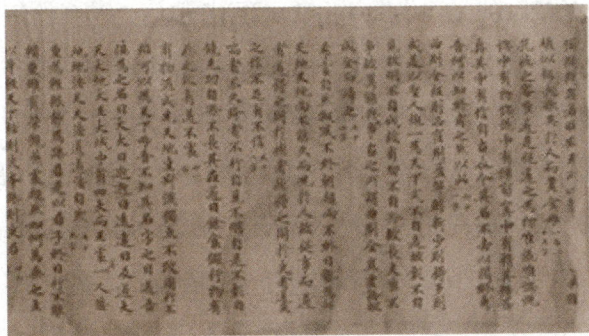

唐写本
《道德经》

制科　皇帝的命令称为"制"，皇帝特别召集一些人举行的考试科目，称为"制科"。考试的时间及内容都由皇帝临时决定，随皇帝的一时高兴而举行，名目很多，如"贤良方正""直言极谏""博通坟典达于教化""军谋宏远堪任将帅""详明政术可以理人"等等，前后不下八九十种名目，甚至还有"不求闻达"（不求显达）科、"高蹈丘园"（隐居丘园）科，甚为可笑。一般说，制科要考"时务策"，即对当世要事的对策，自唐玄宗以后加试诗赋。制科是皇帝亲自网罗人才的一种办法，考试成绩优等的，可以得到较高的官职，考试成绩次一等的，可被授予出身。制科虽是皇上恩准的特殊科考，制科出身的人却不被人们敬重，以为非正途出身，远不如进士出身的人荣耀。应科举考试得官以后，还可以再投考制科，如诗人贺知章，先曾考进士科，获得官职，以后他又应考制科，考取了"超拔群类科"，再获更高的官职。

武科 创立于武则天长安二年（公元 702 年）。由兵部员外郎主持，又分为平射、武举两科目。主要考步射、马枪、马射、负重、语言、身材等等。《旧唐书》载，郭子仪就是"以武举高等，补左卫长史"的。唐代武举，由州县考选后，以乡饮酒礼贡举至兵部进行考试，每年应试的常有数百至数千，而能及第者不过数十人。其考试内容主要有长垛、马射、马枪等。所谓长垛，置帛为五规（圆形）置于垛（土筑的箭靶）上，相距百有五步，内规广六尺，橛（jué 决）广六尺，余四规，每规内两边各广三尺，悬高以三十尺为限，列坐引射。所谓马射，穿土为埒（liè 列）（矮墙），其长与垛相同，缀皮为两鹿，历置其上，驰马射之。所谓马枪，断木为人，戴方板在顶上，凡四偶人，互列埒上，驰马入埒，运枪左右，触必板落，而人不踣（bó 搏）。长垛、马射为试弓法，马枪为试马上舞枪。此外，还有步射（射草人）、翘关、负重、身材及言语之选。《新唐书·选举志》载："翘关，长丈七尺，径三寸半，凡十举后，手持关距，出处无过一尺；负重者，负米五斛，行二十步，皆为中第。""身材"和"言语"之选，取其躯干雄伟、应对详明、有骁勇才艺和堪为统帅者。如果是文官要求参加武科，取身材六尺以上、年龄 40 岁以下，强勇可以统人者。通得五成以上的为合格。

医举科 是唐代设置的专门为选拔医学人才的科举考试科目。最早开设于玄宗开元二十二年（公元 734 年）。考试内容为各试医经方术策十道，《本草》二道，《脉经》二道，《素问》十道，张仲景《伤寒论》二道，诸杂经方义二道。通七成以上的为合格。考生主要来自医学学校的学生。

从以上常科来看，经常采用的考试方法，主要有帖经、墨义、策问、诗赋等，间或还采用口试。

帖经 这是唐科举考试常用的方法。"帖经者，以所习经掩其两端，中间开唯一行，裁纸为帖，凡帖三字。"即将经书上某行帖上三个字，要求将所帖的三个字填写出来，这和现在流行的"填空"有些类似。这种考试方法原是很简单的，只要把经书文注读熟即可应付。这种考试方法适合于考查记诵性的知识，对于测试认识能力、思辨能力及应变能力，是无能为力的。故即使考生对一般帖经（填空）均能回答，也使考官难以分出

帖经

优劣。为了便于取舍，考官挖空心思提高考题的难度，出些孤章绝句、疑似参互、易于混淆的题目，如出一些偏题、怪题，"甚者或上抵其注，下余一二字，使寻之难知，谓之'倒拔'"。这样把本来容易应付的帖经考试，变成考生的一道难关。于是历年考生就想方设法搜索偏怪难题，把孤绝幽隐的句子编成便于记诵的歌诀，称为"帖括"。考生们热衷于记诵帖括的歌诀，而

对儒经的大义反而知之不切了。针对这种情况，开元十六年（公元 728 年）国子祭酒杨玚（yàng 样）上奏道："今之举明经者，主司不详其述作之意，曲求其文句之难，每至帖试，必取年头月日，孤经绝句。无日矣今之明经，习《左传》者十无二三，若此久行，臣恐《左氏》之学废无日矣。"当朝重视杨玚的意见，特下制令："礼部举人，比来试人，颇非允当。帖经首尾不出，前后复取者也之乎颇相类之处下帖，为弊已久，须是厘革。礼部起今，每帖前后，各出一行。相类之处，并不须帖。"根据此项命令，礼部考试开始实行开三行，不再在断绝疑似之处帖题了。

墨义 是一种简单的对经义的问答，只要熟读经文和注疏即能回答。如原题："子谓子产有君子之道四焉，所谓四者何？"对："其行己也恭，其事上也敬，其养民也惠，其使民也义。谨对。"又如原题："'见有礼于其君者，如孝子之养父母也'，请以下文对。"对："下文曰：'见无礼于其君者，如鹰鹯（zhān 沾）之逐鸟雀也'。谨对。"还有原题"请以注疏对"的。如答不上来，就写上："对未审。"

开元二十五年（公元 737 年）增加了"口问大义"，即"口试"这种新的考试方法。规定问义应当众进行，问义结束时当即宣布考试成绩，以此来限制考官以个人好恶而取舍，让众人对口试进行监督。但执行时往往由考官单独口试，问答时又不做记录，因而出现舞弊现象。天宝十一年（公元 752 年）为平息众怒，重申命令"举人帖及口试，并宜对众考定，便唱通否"。建中二年（公元 781 年）中书舍人权知礼部贡举赵赞曾奏请："以所问录于纸上，各令直书其义。"贞元十三年（公元 797 年）尚书左丞权知礼部顾少莲也奏称："试义之时，独令口问，对答之失，覆视无凭，黜退之中，流议遂起。"元和二年（公元807年）礼部贡院又请皇帝废除口试。元和七年（公元812年）权知礼部侍郎韦贯之奏请恢复口试。口试的方法比较灵活，但随意性较大，确实有复查无凭的缺点，容易给一些考官和考生提供联合舞弊的机会。

策问 这是沿袭西汉以来的"射策""对策"的考试方法，它是设题指事，由被试者做文章，题目的范围是当世要事和计谋策略，要求对现实中诸如政治、吏治、人事、教化、生产等问题提出建议，或写出政论性的文章。它比帖经、墨义要求要高一些，这是一种较好的考试方法。但是，这种考试方法行之既久，后来的读书人将每年考试的考卷旧策编缀起来，熟读烂背，"束书不观，专读旧策"，以应付考试。传说李白这样的大诗人，考试时也曾和其他考生一起将此类书"携以就试，相顾而笑"。可见，久而久之，靠策问也难以考出真正的人才。太和三年（公元829年）因有人反对诗赋而连及策问，结果诏令将二者并停，改试议论各一道。但由于议论空泛，难于把握取舍标准，未及推行而又复旧。太和七年（公元833年）、八年（公元834年）又经过一次反复，变通之后又复旧。要求考生对经史和时务并加重视，在策问题目上，提出经史与时务兼顾，如策问五道题，其中经史三道，时务两道。其用意在于使考生古今并习，不致偏废。几经反复调整后，策问这种方法被延续使用。应该说，策问本身属于一种较好的考试方法，但由于科举考试内容限制了它的作用，后来，策问也渐重骈俪，也就同帖经一样，逐渐成为束缚考生思想的一种手段。

　　诗赋　是后来加试的一种考试方法。鉴于考生多背诵经义和旧策，没有实才。于是就在经义策问的基础之上加试一诗一赋，也称之为"帖诗"。诗赋比帖经、墨义更能考察考生的思想，且能反映一个人的文学修养和文化水平。不过这种诗赋格律体裁均有固定格式，语句用词又必端庄典雅、堂皇裔（yù 玉）丽。白居易于唐德宗贞元十六年（公元 800 年）以《性习相近远》赋和《玉水记方流》诗及第中选。我们且看他后一首应试的诗：

> 良璞含章久，寒泉彻底幽。
> 矩浮光滟滟，方折浪悠悠。
> 凌乱波文异，萦回水性柔。
> 似风摇浅濑，如月落清流。
> 潜颖应旁达，藏真岂上浮。
> 玉人如不记，沦弃即千秋！

　　这种试帖诗，多为十二句，共六韵（也有十六句，共八韵的）。首两句见题，中间八句，两两相对，最后两句作结。这种格式在以后的科举考试里慢慢发展成一种禁锢思想的形式主义的八股文。

　　试帖诗中被世人传为佳作的，有中唐"大历十才子"之一钱起在天宝十年（公元 751 年）所试《湘灵鼓瑟》诗：

> 善鼓云和瑟，常闻帝子灵。
> 冯夷空自舞，楚客不堪听。

苦调凄金石，清音入杳冥。

苍梧来怨慕，白芷动芳馨。

流水传潇浦，悲风过洞庭。

曲终人不见，江上数峰青。

祖咏的试帖诗《终南望余雪》，写得也很洒脱：

终南阴岭秀，积雪浮云端。

林表明霁色，城中增暮寒。

这首诗构思新颖，诗境似画，但不符合考试规定的诗六韵的试律格式。据《唐诗纪事》卷二十载：祖咏交卷时，考官诘问他为何尚差四韵，如此离格？祖咏答曰："意尽。"诗四句已将终南景色尽收笔底，何须画蛇添足？

以诗赋取士也造成士子追求文章形式，着意词藻华丽，形成"争尚文辞，互相矜炫"的浮华之风。这与汉以来以儒术取士之方针相去甚远。开元二十五年（公元 737 年）诏书曰："以声律为学，多昧古今"；"六经则未尝开卷，三史则皆同挂壁"。

读书人经过省试（尚书省礼部试）合格了，只不过是取得了"出身"，还不能马上去做官。要想做官，还得参加吏部考试。吏部考试包括"书、判、身、言"四个方面。第一考"书"，即书法写字，试其"楷法遒（qiú 求）美"。第二考"判"，即写另一种文体的文章，试其"文理优长"。第三考"身"，考察其相貌是否端正，试其"体貌丰伟"。据说有一读书人名叫方于，

由于他缺唇连应十余科而不得录取。第四考"言"，考察其口齿是否清楚，试其"言辞辨正"。如果"书、判、身、言"这四

韩愈

项全能够通过，便可以授予官职。像韩愈这样的文豪，竟四试于礼部，三试于吏部。就是说韩愈参加过四次省试，方才通过，又参加过三次吏部考试，一直未能通过。于是他企图通过当朝宰相推荐而得官，但他三次上书均无结果，最后只好离开长安，到宣武军节度使董晋的麾下做幕僚，以后由董晋荐举，由此他才走上了仕宦之路。可见科举考试之艰难！即使通过了吏部考试，所授官位无非八九品，其秩位并不高。不过从此便登上仕途，成为封建统治阶级中的一员，因而读书人仍把科举考试看成是一生之中的一件大事。

5．唐代科举考生的生活及考试流弊

科举考试是封建王朝选拔人才的一种办法，也是笼络和麻痹知识分子的一种手段。除少数人可以循着这条路爬上去外，对绝大多数人来说，这只是一个终生追求而不可得的钓饵。为

了谋求生活出路，大批知识分子不仅要把终生精力消磨于科场考试之中，而且在考试过程中还要受到种种折磨与侮辱。应试之前要"具保结"，没有担保人不可报名。到京师之后首先要拜先师。应试之日要自备水、炭、蜡烛、餐具等，等候胥（xū需）吏唱名搜身，方依次进入贡院。考场外兵卫森严，考生坐在廊下答题，稍有不慎，就被喝斥出场。正如《通典》所载："阅试之日，皆严设兵卫，荐棘围之，搜索衣服，讥诃出入，以防假滥焉。"考试以一日为限，至晚仍未交卷，许烧三支蜡烛，三条烛尽，便要收卷。相传考生韦承贻考试之日作诗云：

（一）

褒衣博带满尘埃，独上都堂纳卷回。
蓬巷几时闻吉语，棘篱何日免重来？
三条烛尽钟初动，九转丹成鼎未开。
残月渐低人扰扰，不知谁是谪仙才。

（二）

白莲千朵照廊明，
一片升平雅颂声。
才唱第三条烛尽，
南宫（指尚书省）风月画难成。

这两首诗，对唐代考场的情形可谓形容得惟妙惟肖。因三条烛尽，即须收卷。相传，考官权德舆主试时恫吓考生曰："三条烛尽，烧残举子之心。"又传考生举子们亦以"八韵赋成，惊破侍郎之胆"回敬考官，这也是唐代考场的逸话。

考试时，考生若遇不会回答的问题，就在考卷上写"对未审"三字。考官审阅考卷时，对于答题正确无误的就批写一"通"字，对于未答或答错的则批一"不"字。

省试落第的人，可入国子监学习，准备第二年再考。省试被录取称为"及第"。第一名称"状元"或"状头"，新科进士互称"同年"。主考官叫"座主"或"座师"，被录取的考生便是主考官的"门生"了。

科举考试制度给知识分子留下了一线希望。经过十年寒窗，一旦及第，便可以一步登天，不仅取得无上荣耀，而且似乎变成另一族类，当时人称进士中举谓"登龙门"，意思是说过了此门，"鱼"可化为"龙"，山川变色，天地为宽，身价百倍了，"一举成名天下知"。当时有人说"进士初擢第，头上七尺焰光"，一步入青云。唐代的周匡物，中进士后高兴得写了一首诗："元和天子丙申年，三十三人同得仙。袍似烂银文似锦，相将白日上青天。"中了进士就如同成了仙上了天一样。这些"得仙"的进士都要到杏园去举行宴会，称"探花宴"，亦称"杏园宴"；新进士同游于杏园，并推选最年轻的两进士，骑马遍游名园，采摘名花，称"两街探花使"。同时大会于曲江亭。曲江亦名曲江池，在今陕西西安市郊，池南有紫云楼、芙蓉苑，西为杏园、慈恩寺，是唐都第一胜景。那天皇帝亲登紫云楼，垂帘以观，公卿王室也倾城往观。或于是日择婿，移乐泛舟，荣盛之至。
唐代诗文记其事者极多，兹录刘沧《及第后宴曲江》诗一首：

> 及第新春选胜游，杏园初宴曲江头。
> 紫毫粉壁题仙籍，柳色箫声拂御楼。
> 霁景露光明远岸，晚空山翠坠芳洲。
> 归时不省花间醉，绮陌香车似水流。

曲江亭

　　曲江会后，进士们还要到慈恩寺大雁塔题名留念，称"题
名会"。如白居易一举及第，故诗有"慈恩塔下题名处，十七人
中最少年"，显露出其得意之色。还有其它一些仪式活动，以
显示其荣宠。科举及第后，名誉地位忽然高起，原来是被人看
不起的，现在忽然被人们重视，不仅亲戚朋友、奴仆皂隶都对
自己阿谀奉承起来，甚至自己的妻子也都大变了态度。据《唐

人说荟·玉泉子》载，杜羔累举不中，将归家，其妻刘氏寄以诗曰：

> 良人的的有奇才，何事年年被放回。
> 如今妾面羞君面，君若来时近夜来。

丈夫（良人）失意之余，竟被妻子奚落，杜羔之难堪，可谓至极。但是后来杜羔中举登第，刘氏又寄诗曰：

> 长安此去无多地，郁郁葱葱佳气浮。
> 良人得意正年少，今夜醉眠何处楼？

杜妻前后两诗形成了强烈的对比。也许这是人们附会的故事，并非事实，及第前后亲故的心态有重大变化却是实情。

唐代著名诗人孟郊，几试落榜后，其凄怆心情，清楚地反映在下面这首《落第》诗中：

> 晓月难为光，
> 愁人难为肠。
> 谁言春物荣，
> 独见叶上霜。
> 雕鹗失势病，
> 鹪鹩（jiāo liáo 娇燎）假翼翔。
> 弃置复弃置，
> 情如刀剑伤。

孟郊

但是当他一旦登第之后，其诗风流放荡，难以自制。请看
他的《登科后》：

> 昔日龌龊不足夸，今朝放荡思无涯。
> 春风得意马蹄疾，一日看尽长安花！

及第后的功名荣宠，更加刺激了中小地主阶级出身的知识
分子对科举的重视。很多人一年两年，五年十年，从少年一直
考到老年，只要考不中，就一直参加考试，甚至竟有老死于考
场而无所恨的人。一次，唐太宗去视察御史府，看到许多新考
取的进士鱼贯而出，大喜曰："天下英雄入吾彀（gòu 够）中矣。"
彀，指射箭时所能射中的范围。意思是说，科举考试制度使天
下英雄都落入了我的圈套！正如赵嘏（gǔ 古）诗云："太宗皇
帝真长策，赚得英雄尽白头。"这说明科举考试制度是笼络一
般知识分子的高妙手段。

唐太宗

唐代科举考试的试卷一般不糊名，取录进士除看试卷外，还要参考考生平日的作品和声誉。因此，考生必须向"先达闻人"，尤其是那些参与决定取录名单者呈献自己平时的力作，争取他们的"拂拭吹嘘"。这在当时被称之为"投卷"。向礼部投献的称之为"公卷"，向达官贵人投献的称之为"行卷"。例如《唐摭言》卷七载：白居易初至京师，向著名诗人顾况投卷。顾况见"白居易"三字，便开玩笑地说："长安百物贵，居大不易。"颇有轻视之意。待开卷读第一篇，诵"野火烧不尽，春风吹又生"，大为赞叹："有句如此，居天下有甚难？"于是白居易被推荐，

白居易

声名遂震。李贺以诗呈韩愈，韩愈读到首篇"黑云压城城欲摧，甲光向日金鳞开"，也大加赞扬，随即荐之。很多读书人，考前忙于到处拜公卿，献文章，送礼物，卑躬屈节，低首就之。还有的人干脆跑到官僚的车马前跪献文章，以示其诚。韩愈说这些考生"足将进而趑趄（zī jū 资居），口将言而嗫嚅（niè rú 聂如）"，生动地勾画出考生们追随在达官贵人身后趑趄不前、犹豫徘徊、

蹑手蹑脚、欲言又止的一副摇尾乞怜的可怜相。

诗人朱庆余写了首七言绝句：

> 洞房昨夜停红烛，待晓堂前拜舅姑。
> 妆罢低声问夫婿：画眉深浅入时无？

乍一看，这首诗似写的是新娘等待天亮去拜见公婆（舅姑）的儿女情长。这首诗的题目却是"近试上张水部"，所谓"近试"是指接近科举考试的时候，"上"是"呈送"的意思，"张水部"是诗人的好友、任水部员外郎的张籍。诗人用新娘梳妆打扮完毕马上要去见公婆（这里隐喻主考官）来形容自己即将参加进士考试的心态，考前想探问自己的夫婿（这里隐喻张籍），自己的文章能不能让主考官看中呢？新娘顾影自怜的情态，和诗人自恃才学不凡又生怕不能考中的心情很相像，所以这首诗构思巧妙，隐喻奇特，堪称表述考生们复杂心态的佳作。

张籍也酬答朱庆余诗一首，名曰《酬朱庆余》：

> 越女新妆出镜心，自知明艳更沉吟。
> 齐纨未足人间贵，一曲菱歌敌万金。

此诗将朱庆余比作无比美貌且歌喉动人心弦的采菱越女，暗示朱庆余不必为考试担心，金榜必挂名。两诗一唱一和，珠联璧合，情韵悠长，传为千古诗坛佳作。

行卷与科举考试是相辅相成的，重视考场外的文章，可"采名誉，观素学"，有避免一试定终身的积极一面。《旧唐书·韦陟（zhì 质）传》载，天宝年间（公元 742—756 年），韦陟为礼部侍郎，鉴于"曩（nǎng 馕）者主司取与，皆以一场之善，登其科目，不尽其才。陟先责旧文，仍令举人自通所工诗笔，先试一日，知其所长，然后依常式考核，片善无遗，美声盈路"。对于这些公正无私、尽力求贤的主考官来说，行卷、温卷、省卷是用以全面了解、考核人才的一种途径。然而随着行卷的盛行，这也为唐代科举考试带来许多弊病，行卷也成为通关节的正常渠道。如举人刘虚白曾与礼部侍郎裴坦为少年时挚友，刘虚白曾向裴坦投诗云：

> 二十年前此夜中，一般灯烛一般风。
> 不知岁月能多少，犹着麻衣待至公。

裴坦慨于交朋之厚，使老友进士及第。为了登进入仕，世家子弟"交相酬酢（zuò 坐）"，而"寒门俊造，十弃六七"。一些寒门子弟虽有诗卷却无处投呈，曾有诗描述："荷衣拭泪几回穿，欲谒朱门抵上天。"

《唐摭言》卷六载，杜牧向国子监博士吴武陵行卷，献《阿房宫赋》，受到吴武陵的赏识，吴即向知贡举崔郾（yǎn 演）推荐，请求取杜牧为状头。崔郾却说：第一名已有人选。结果杜牧的《阿房宫赋》虽传诵千古，却"不得已，及第五人"。一代诗圣杜甫，因无人为之延誉，天宝初年进士落选，终身不第。著名诗人孟浩然潦倒场屋，布衣终身。晚唐诗人杜荀鹤，诗名虽高也屡试不第，只好发出哀叹：

> 空有篇章传海内，
> 更无亲族在朝中。

> 闭户十年专笔砚，
> 仰天无处认梯媒。

有的主考官也请自己的好友共同确定录取名单，这种情况在当时叫作"通榜"。当时还把"造请权要"称为"通关节"。所以"请托""通关节""私荐""场外议定名次"等等，无所不有。至于"表荐及第""敕赐及第""落第重收"等现象也屡见不鲜。裴思谦拿着宦官仇士良的信，逼着主考官高锴非给自己"状元"不可。结果裴思谦如愿以偿。郭薰因和丞相于琮有"砚席之交"，进士考试尚未发榜，就在百官到慈恩寺行香时散发署名"新及第进士郭薰"的"彩帖子千余"。宰相杨国忠的儿子杨暄考明经科，成绩不好，礼部侍郎不想录取，杨国忠知道后勃然大怒，大骂礼部侍郎，最后还是把杨暄取在"高等"。张奭是从不读书的纨绔子弟，但由于其父张倚为御史中丞，掌有朝廷监察大权，结果张奭竟被录取为第一名，引起朝野上下议论纷纷，迫使唐玄宗亲自到花萼楼对已录取的进士重新考试，最后被录取的仅达十分之一二，而张奭手持试卷终日竟写不出一个字，被人称之为"曳（yè 夜）白"，即考试交白卷。还有泄漏试题的，贪污受贿的，冒名顶替的，传递答案的，不一而足。

正如校书郎王冷然上宰相书说："仆窃谓今之得举者，不以亲，则以势，不以贿，则以交。""有行有才"之人，因"无媒无党"，则"不得举"，只能"处卑位之间，仄（zé责）陋之下，吞声饮气"。《唐摭言》记载的王冷然的上书，揭露得何其深刻，对于我们了解唐代科举考试制度的流弊，对于我们认识封建官场与考场的黑暗是很有意义的。

6．唐代科举考试制度的作用与影响

就当时社会状况而言，唐代科举是一个比较进步、比较合理的考试制度。它与前代选士制度相比较，有三个最明显的特点：第一，把选拔官吏的权力更有效地由地方世族与地方长官手里集中于中央，加强了中央集权，满足了庶族地主参与政权的强烈欲望，扩大了统治集团的社会基础；第二，把读书、应考、做官三者密切联系起来，为古代社会的知识分子打开了获取高官厚禄、享受富贵荣华的门径；第三，力图改变选官只重品行、门第，而忽视知识、才能的弊端，它具有一定的客观标准，当官多少要凭点才学，因而选拔了一些有才干的人。

从政治上来看，唐王朝实行科举考试制度的确满足了君主专制的政治要求，收到了集权中央、巩固封建统治的效果。官吏选用大权由中央朝廷来行使，这就加强了全国政权的统一和集中；选官有统一标准，全国要想做官的人都以全力去适应这些标准，这就加强了思想的统一；向各地方的庶族地主甚至广大平民打开了门路，刺激与网罗了一大批中下层知识分子，使他们有了参与政权的机会，这就调和了阶级矛盾，有利于政权的稳定；科举考试看起来好像是最公平不过的，任何人只要好好读书，都有资格应考做官，这样不仅掩饰了官僚政治的阶级实质，还可吸引全社会的知识分子，使他们埋头读书，养成极其驯服的性格，不易发生不满封建统治的不稳思想。这也就是科举考试制度之所以能在中国古代封建社会里维持1300年之久的根本原因。

从文化教育上看，唐代实行科举考试制度，影响是十分深刻的。由于选择人才与培育人才的标准和要求一致起来，科举考试制度促进了学校教育的发展与繁荣。因为通过科举考试可以取得一定的官职出身名位，所以一般中下层知识分子和知识青少年都强烈要求进学校读书，这就在客观上推动了古代学校教育的繁荣与发展。科举考试的主要内容是儒家经典著作，从学校到社会都重视读书、习文、作诗赋，并钻研儒家经典，这对于结束魏晋以来学校和社会所流行的清谈学风与玄虚思想，对于造成当时"五尺童子耻于不闻文墨"的社会风气，都具有积极意义。科举考试科目中有明法、明算、明字、童子、武举等等，这对于当时学校与社会出现的重文轻武、重文轻算、重成人轻少年儿童的陈规陋习，或多或少造成了冲击，这当然也是具有积极意义的。

但是，科举考什么，学校与社会也跟着注重什么。在学校教育完全成为科举的预备机关的情况下，科举考试制度本身的缺点与弊端，也就直接影响着学校教育的各个方面。科举考试的内容局限于书本知识，考试方法又注重死记硬背，在这种风气的影响下，学校的教育教学工作也就重文辞少实学，重记诵不求义理，充满了教条主义、形式主义的恶习。这既不利于选拔和培养有实际能力的人才，又养成了空疏的学风。科举考试制度把读书、应考和做官三件事紧密联系起来，科举成了封建知识分子进入官场的阶梯，成为他们取得高官厚禄的最好门路。因此，读书进学的目的就是为了"十载寒窗，一举成名，富贵荣华，锦衣玉食"，为了"朝为田舍郎，暮登天子堂"。这种读书目的与人生哲学，支配了学校教育、社会教育与家庭教育，严重地影响着一般读书人的思想。科举考试的最后取舍权是主考官、礼部、吏部、宰相、皇帝等，录取标准又往往以权势门第为转移。一般中下层知识分子，如果没有靠山、门路，就很难有被录取的希望。在这种情况下，重门第、通关节、贿赂、请托、科考舞弊以及私门谢恩等等风气就公开泛滥起来，这严重地污染与腐蚀着知识分子的精神面貌，毒害着学校和社会的风气。

　　隋唐时期开创的科举考试制度，对东西方都发生过较大的影响。公元 618 年，唐朝在中国实现了空前的统一。7 世纪中叶，新罗也统一了朝鲜。统一后，新罗与唐经常保持友好的关系，新罗人入唐求学的人很多。唐朝盛行科举，准许新罗国人参加考试，当时很多人考取登第，录取从官，其姓名可考者有金云卿、崔致远、崔匡裕、崔彦㧑（huī 灰）等。崔致远名声最大，《全唐诗》中收有他的诗，他在中国时期写的《桂苑笔耕集》二十卷，成为朝鲜现存古代最优秀的文集。崔彦㧑不仅自己在唐进士及第，其子光胤也在五代后晋时考取了进士。据朝鲜《增补文献通考》卷一八四载："长庆（唐穆宗）初，有金云卿者，始以

新罗宾贡题名杜师礼榜。至唐末,凡登宾科者五十八人,五代梁、
唐又三十一人。……新罗时金夷鱼、金可纪、崔致远、朴仁范、
金渥皆入唐登第。"

"雁塔题名"中
的西安大雁塔

　　不但如此,新罗还仿唐制实行以儒学为标准的科举考试
制度。据朝鲜古史《三国史记(卷十)·新罗本纪(第十)》
载:"(元圣王)四年(公元788年)春,始定读书三品以出
身。读《春秋左氏传》,若《礼记》,若《文选》,而能通其义,
兼明《论语》《孝经》者为上;读《曲礼》《论语》《孝经》
者为中;读《曲礼》《孝经》者为下。若博通五经、三史、诸
子百家书者,超擢用之。前只以弓箭选人,至是改之。"

　　公元788年,朝鲜开始实行科举制度。公元918年,高丽
王朝建立后,也多次向中国派遣留学生,参加中国的科举考试。
据《高丽史(卷七十三)·志(卷二十七)·选举(一)》载:
"光宗九年(公元958年)五月,双冀献议,始设科举。试以诗、
赋、颂及时务策,取进士兼取明经、医卜等业。"且"大抵其法
颇用唐制"。可见高丽的科举考试制度是受唐代影响才实行的。
朝鲜前后推行了1100多年的科举制度,直到公元1893年才废除。

　　公元1010年，越南建立起李氏王朝。据《大越史记全书·本纪全书（卷之三）·李纪（二）》载：李仁宗太宁"四年（公元1075年）春二月，诏选明经博学及试儒学三场，黎文盛中选，进侍帝学"，此即为越南以儒学为准实行科举考试制度之始。公元1185年，李高宗"试天下士人，自十五岁能通诗书者，侍学御筵，取裴国伣、邓严等三十人，其余并留学"。陈朝建立之后，沿袭李朝，进一步完善和发展了科举考试制度，《大越史记全书·本纪全书（卷之五）·陈纪（一）》载，陈太宗建中八年（公元1232年）"二月，试太学生。中第一甲张亨、刘琰，第二甲邓演、郑缶（fǒu否），第三甲陈周普"。公元1239年再次开科取士，之后，科举考试按期举行，其科举之法与中国大致相同。直到1915—1919年间，越南才正式废除了科举考试制度。

越南的孔庙

　　日本虽然没有像朝鲜、越南那样引进中国的科举考试制度，但唐朝的科举考试制度依然深深地影响了日本。日本在天智天皇时（公元676年）设立大学寮。大学寮分经、音、书、算四科，而经科占正科地位，书科及音科为经学的入门。入学的资格及手续、科目考试的内容及方法等，都与唐代科举考试制度类似。

日本长崎的孔庙

　　隋唐创立的科举考试制度也影响了西方各国。法国思想家魁奈（公元1694—1774年）认为："中国无世袭贵族，官爵仅靠功绩与才能获得。"他盛赞中国的科举考试制度"使工匠的子弟也能当上总督"，借以抨击法国当时的封建专制制度和腐朽的官僚制度。18世纪末到19世纪，在欧洲各国逐步推行的文官考核制度也是吸取了中国隋唐创立的科举考试制度的经验。1791年，法国首先试行了文官考核制度，1806年英国东印度公司开始实行文官考核制，1855年英国开始推行文官考核制。当时，在欧洲封建等级制的土壤里，生长着一大批无所事事的官僚。任人唯亲的宗法原则越来越不适应维护资产阶级利益的国家机构的需要，这就是隋唐创立的科举考试制度在欧洲引起重视的原因。孙中山先生在所著《五权宪法》中说："现在各国的考试制度差不多都是学英国的。穷流溯源，英国的考试制度原来还是从我们中国学过去的。"美国的文官制度最初是由罗德岛的任克思提出的，他于1868年5月呈送到美国众议院的报告书中，有一章专门讨论了"中国之文官制度"。在波士顿市政府于1868年5月盛宴款待中国大使馆外交官的时候，爱麦生亦曾赞扬中国的考试制度，他说："中国现在的政治有一点使我们很感兴趣。我想在座的诸君还记得罗德岛的任克思阁下曾经两度想提到国会通过的那个法案，就是主张文官必先

孙中山

经过考试及格取得学问上的资格，而后始能任职。的确，在纠正恶习这一点上，中国是走到我们前面了，也走到英国和法国的前面了。同样，中国社会上都非常尊重教育，也走到我们的前面，这就是中国值得光荣的唯一凭证。"一位研究东西方文化交流史的美国学者德克·卜德也认为，中国科举制对西方文官体制的影响，是在精神文明领域里中国对西方最宝贵的贡献之一。日本著名史学家福井重雅认为，中国科举考试制度远比造纸、火药和指南针的发明重要得多，它为现代资本主义社会的文官考试制度提供了最初的模式。它"传到西洋"，打破了中世纪欧洲"贵族总是贵族，平民总是平民"的犹如死水一潭的贵族政治的宁静，激励新生的资产阶级奋发进取、积极竞争的精神，为西方文官考试制度的建立提供了经验。

三、宋辽金元的考试制度——士人的"得意"与"失意"

1. 科举考试制度在宋朝的发展

宋朝的科举考试制度基本上沿用唐制，但有许多新的变化和发展。

宋朝科举考试的科目也很多，有进士科、九经科、五经科、开元礼科、三礼科、三史科、三传科、学究科、明经科、明法科，此外还有制科、词科、童子科、武科、绘画试等。

进士科　试诗、赋、论各一首（篇），策问五道，帖《论语》10 帖，对《春秋》或《礼记》墨义 10 条。

九经科　试帖经 120 帖，墨义 60 条。

五经科　试帖经 80 帖，墨义 50 条。

三礼科　墨义 90 条。

三传科　墨义 110 条。

三史科　墨义 300 条。

开元礼科　墨义唐开元年间制定的"礼"300 条（后改试墨义"开宝通礼"新书）。

学究科　墨义《毛诗》50 条，墨义《论语》10 条，墨义《尔雅》《孝经》共 10 条，墨义《周易》《尚书》各 25 条。

明法科　墨义律令 40 条。

制科　是皇帝亲自策问的特种考试。不经州县考送手续，科目也临时由皇帝确定。考试内容为诗赋、论、颂、制诰等。由于制科考试比进士科还难，其地位也高，所以宋代人也称为"大科"，它不像唐代那样被人称为"杂色"，而是优于进士科，成为众科之最。

词科　也是非常科，性质与制科相似，是宏词、词学兼茂及博学宏辞等科的合称。据聂崇岐先生《宋词科考》统计，宋开词科计 56 次，其中宏词科 11 次，词学兼茂科 15 次，博学宏辞科 25 次，词学科 5 次。宏词科每次录取人数至多五人，北宋时分两等，上等为词理俱优，次等为词理次优，被取者可提升官阶。南宋时分为上、中、下三等，分别给予升官、减少磨勘（唐宋时定期勘验官员政绩，以定升迁，称为磨勘）2—3 年、授馆职及赐进士及第或出身的待遇。南宋以后，"所得之士多至卿相、翰苑者"。许多著名文人如洪迈、吕祖谦、王应麟等均为词科出身。

童子科　凡 15 岁以下、能通经作诗赋的少年儿童，由州官推荐，皇帝亲自考试。但不常举行。如杨亿、李淑、晏殊曾应童子科考试而授官位。南宋孝宗淳熙元年（公元 1174 年）有西夏女童林幼玉应试，考经书 43 题皆通，这是童子科中唯一的女童。童科开举无定时，考试内容也无定式，皆由皇帝一时兴趣而举，在一定程度上激励民间儿童实施早期教育，但也有人认为童科之设也摧残了儿童纯洁的心灵，孩提时便为追名逐利思想所影响，不宜养成良风美俗。度宗咸淳二年（公元 1266 年），礼部侍郎李伯玉说："人才贵乎养，养不贵速成，请罢童子科，息奔竞，以保幼稚良心。"自此宋罢童子科。

武科　宋仁宗于天圣八年（公元 1030 年）亲试武举 12 人，先试骑射，然后试策问。后来虽也设立武学并恢复武举，以马射、步射、武艺、策问作为考试内容，但仍不为人们所重视。直到南宋孝宗乾道五年（公元 1169 年）武举殿试之后，才和文举一样赐武举及第、武举出身，人们才重视武科。孝宗淳熙二年（公元 1175 年）又改定武科授官之法。

绘画试　宋代设有翰林图画院，罗致天下著名画家，专门从事绘画，并据其才艺高低授以待诏、祇侯、艺学、画学正、学生等职称。画学生员依三舍法升选。宋代画学及由绘画选士之法的鼎盛在徽宗时期，徽宗政和年间（公元 1111—1118 年），画院取士盛极一时，其试士多以古诗为题，令举子试画，以情态自然、笔韵高洁为工，其中有许多试画题至今仍传作佳话。

郑振铎在《宋人画册》（人民美术出版社 1957 年版）的《序言》中说，宋徽宗赵佶是一个失败的皇帝，在 1127 年 4 月和他的儿子（钦宗）一起被北方的金人俘虏而去。但他却是一个成功的艺术家。他不仅是一个很优秀的美术欣赏家、批评家，而且也是一位很高明的画家。邓椿《画继》云：徽宗"即位未几，因公宰奉清闲之宴，顾谓之曰：'朕万几余暇，别无他好，惟好画耳。'故秘府之藏，充牣（rèn 纫）填溢，百倍先朝。又取古今名人所画，上自曹弗兴，下至黄居寀（cǎi 菜），集为一百秩，列十四门，总一千五百件，名之曰《宣和睿览集》。盖前世图籍，未有如是之盛者也。……始建五岳观，大集天下名手。应诏者数百人，咸使图之，多不称旨。自此之后，益兴画学，教育众工，如进士科，下题取士。复立博士，考其艺能。……所试之题，如'野水无人渡，孤舟尽日横'。自第二人以下，多系空舟岸侧，或拳鹭于舷间，或栖鸦于篷背。独魁（即第一人）则不然，画一舟人，卧于舟尾，横一孤笛，其意以为非无舟人，止无行人耳，且以见舟子之甚闲也。又如'乱山藏古寺'，魁则画荒山满幅，上出幡竿，以见藏意。余人乃露塔尖或鸱吻，往往有见殿堂者，则无复藏意矣"。

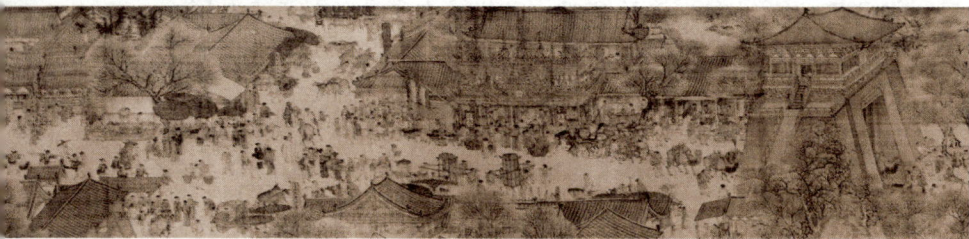

清明上河图（局部）

宋徽宗时给予画家很高的荣誉和地位，旧制以艺进者，不得服绯紫，带佩鱼，但在徽宗时打破陈规，对画院中官职，特许给此殊荣。宋代画学与绘画选试，主要在徽宗朝代，这与他个人爱好和提倡有关。

宋代的科举考试制度从总的来说是继承了唐制，但也出现了一些新的情况和新的特点：

① 扩大了科举取士的名额。唐代每年各科考试录取的人数不超过 50 人，经常才一二十人。宋朝时录取名额扩大了十余倍，一般总有二三百人，多则达到五六百人。如宋太宗太平兴国二年（公元 977 年）取进士 190 人，诸科 207 人，十五举以上"特奏名"184 人，共 500 多人，为自古所未有。从此以后，每年录取人数都在数百了。端拱元年（公元 988 年）礼部已取进士 28 人，诸科 100 人，发榜后议论纷纷，宋太宗又从未录取人中复试，取 700 余人。宋真宗咸平三年（公元 1000 年）取进

士 409 人, 诸科 430 人, 后又取 "特奏名" 900 余人, 共 1800 余人, 真可谓 "较艺之详, 推恩之广, 近代所未有也"。至仁宗时规定:"礼部奏名, 以四百名为限。" 但每科录取实际人数也远远超出规定数额, 如徽宗宣和六年 (公元 1124 年) 取进士达 850 人, 南宋时取士最多为宝庆二年 (公元 1226 年) 取 987 人。唐朝科举考试录取数量很少, 所以常常引起知识分子的强烈不满, 甚至一怒之下投入到农民起义的队伍之中。如王仙芝、黄巢就是落第士子, 后成为唐农民起义的领袖。宋朝大量录取考生, 优待考生, 最大限度地笼络中小地主及社会中下层的知识分子, 对于巩固宋王朝的统治当然有一定的好处。然而录取数量如此之大, 造成官僚机构臃肿, 人民的负担越来越重, 国力更加衰弱, 终于酿成更严重的社会问题。录取数量很多, 举人冗滥, 人才质量也受到严重影响。

② 提高及第者的地位和待遇。唐朝科举考试被录取者, 已备受宠遇, 令人羡慕。宋朝则对科举及第者以更高的地位和待遇。唐朝科举及第后, 只是得到了做官的资格, 还要通过吏部考试之后, 优胜者才能授官。宋代科举及第后, 不需要经过吏部考试即可授官, 而且及第后授官的级别也有提高。确立殿试制度也是提高科举地位的重要措施。唐代武则天曾举行过殿试, 但未形成制度。宋太祖开宝六年 (公元 973 年), 有落第考生告发考官录取不公, 太祖亲在讲武殿命题复试, 这是宋代举行殿试之始。以后, 殿试渐成制度。宋太祖赵匡胤说:"向者登科名级, 多为势家所取, 塞孤贫之路。今朕躬亲临试, 以可否进退, 尽革前弊矣。" 意思是说举行殿试是为了避免官僚贵

族舞权作弊。其实更为重要的原因是，举行殿试有利于加强中央集权，强化皇帝的权威。当然举行殿试提高了科举的地位，提高了及第者的身价，由皇帝亲自考试并确定名次，考生能成为"天子门生"，这自然是一种无上的荣耀。殿试成为常制以后，就确定了宋朝科举制度的三级考试制度：州试（地方官主持考试）—省试（尚书省礼部主持考试）—殿试（皇帝主持考试）。

宋代科举考试图

殿试后有等甲之分。太平兴国八年（公元983年），始将殿试成绩评定等第，将进士分作三甲。真宗景德四年（公元1007年），颁《亲试进士条例》，规定进士入选者分为五等：第一、二等曰及第，第三等曰出身，第四、五等曰同出身。仁宗天圣五年（公元1027年），始称第为甲，将进士分为五甲。神宗时第一、二等赐进士及第，第三等赐进士出身，第四等赐同进士出身，第五等赐同学究出身。南宋时又有变化，据《梦粱录》载："第一甲举人赐进士及第，第二甲赐进士出身，第三至第五甲并赐同进士出身。"

殿试后在琼林苑赐宴，称"琼林宴"或"闻喜宴"。太平兴国二年（公元977年）出现殿试释褐之制，即殿试后释去贱者服，同赐绿袍、靴、笏，即冠以官服，后成定制。殿试中选后即可拜官。宋代通过科举考试而授予官职的甚众。太宗在位21年，由科举授官的近万人，平均每年取500人左右；仁宗在位41年，单由进士科入仕的就有4570人，每三年一举，则共13举，平均每科每次取人在350名上下。徽宗在位期间，平均每次取680余名。南宋取人更多。庆元六年（公元1200年）至端平二年（公元1235年）35年间共取士5917人。据《宋史·选举志一》载："时取才唯进士、诸科为最广，名卿钜公皆繇（yóu 由）此选。""登上第者不数年，辄赫然显贵矣。"仁宗一朝共13举，其中一甲前三名共39人，后仅五人未位及公卿。据《宋史·宰辅表》载，在宋133名宰相中，由科举出身的文士达123名之多，占宰相总数的92.4%，大大高于唐代的比例，而唐代有宰相368人，进士出身的143人，占宰相总数的39%。

从隋唐到宋代，应科举考试，成为知识分子的唯一出路。许多知识分子，今年考不取，明年再试；明年考不取，后年再试；年复一年，总还有许多知识分子难以录取。宋朝对于这些多次没录取的知识分子，特别予以关照。开宝三年（公元970年）宋太祖特别诏赐贡士（解送礼部应试的举人）及诸科连续参加15次以上科举考试而没被录取的106人以本科出身，说这些知识分子"困顿风尘，潦倒场屋，学固不讲，业亦难专，非有特恩，终成遐弃"。太平兴国二年（公元977年），宋太宗诏连续参加10次以上至15次科举考试而没被录取的180余人并赐出身。从此以后恩科开始。后来凡在省试中多次落第的人另立名册上报皇帝，准许他们陪同考生参加"殿试"，这些人被称为"特奏名"，这样就为他们参加殿试提供了更多的机会。

　　属于"特奏名"的考生，附试最初考论一道，神宗熙宁三年（公元1070年）改为考策问。至南宋时考时务策一道。"特奏名"条件渐宽，如景祐元年（公元1034年），诏："进士三经殿试，诸科五经殿试，或进士五举年五十，诸科六举年六十，虽不合格，特奏名。"特奏名的考试多为具文。如朱彧（yù 域）《萍洲可谈》卷一载：元丰年间（公元1078—1085年），有一位70余岁老儒在特奏名殿试策问卷内只写上"臣老矣，不能为文也，伏愿陛下万岁万岁万万岁"几字，便"特给初品官，食俸终身"。于是参加特奏名考试的人越来越多，如真宗咸平三年（公元1000年）参加殿试的正奏名有140人，而另有特奏名多达900余人。南宋高宗绍兴二十一年（公元1151年）："御试得正奏名四百人，特奏名五百三十一人。"这种特恩，拓宽了士子仕进的道路，在一定程度上削减了士人的不满情绪，稳定了社会秩序，诚如《燕翼诒谋录》所说："英雄豪杰皆汩（gǔ 鼓）没消靡其中而不自觉，故乱不起于中国，而起于夷狄。"

　　总之，宋代科举考试之荣利，比唐代更高。所以宋真宗写了一首《劝学诗》以鼓励天下士子：

　　　　富家不用买良田，书中自有千钟粟。
　　　　安房不用架高梁，书中自有黄金屋。
　　　　娶妻莫恨无良媒，书中有女颜如玉。

出门莫恨无随人，书中车马多如簇。

男儿欲遂平生志，六经勤向窗前读。

宋代科举对士人，特别是对寒门子弟，具有强烈的吸引力，它在潜移默化中引导与改变着士人的价值取向和文化心态。南宋的洪迈在《容斋四笔》中记述了宋代所流行的《得意诗》与《失意诗》，便是极好的印证。

得意诗

久旱逢甘雨，他乡见故知。

洞房花烛夜，金榜挂名时。

失意诗

寡妇携儿泣，将军被敌擒。

失恩官女面，下第举人心。

"金榜挂名时"与"下第举人心"便是宋代知识分子追求功名的得意和失意的心态。

③ 严密立法，防止作弊。隋唐以来科举考试制度暴露了不少缺点，制度也不完善。这既影响朝廷对人才的选拔和任用，也影响广大知识分子对科举取士的积极性与对王朝的向心力，不利于扩大统治阶级的社会基础与政局的稳定。为此，宋王朝在大力提倡科举考试取士的同时，十分重视科举考试制度的不断完善。

宋代规定州试时，由州之通判主持进士科考试，以州之录事参军主持其他诸科的考试。考试完毕，考官须用朱笔批阅试卷，凡回答正确的写"通"，答错的批"不"。考官和监考官最后须在试卷末尾签署姓名。凡取中的考生名单及其试卷都要在秋天呈报礼部。如果发现州试有受贿作弊之事，考官和监考官均要受处分。

州试被录取的考生于冬季集中到京城尚书省礼部，这些考生须将自己的家世、年龄、籍贯、参加科举考试的次数等如实写明，并要求有 10 人担保，如果发现有弄虚作假、违反考试规定之事，这 10 人就要连坐，并取消考生的考试资格。

唐代科举是一年举行一次。宋代科举最先也是一年举行一次。太平兴国三年（公元 978 年）冬，各州考生都已集中于礼部，因为宋太宗要亲征北汉，第二年春天的省试只好停止。此后每隔一年或两年举行一次。宋英宗治平三年（公元 1066 年）正式定为三年举行一次。

唐代规定吏部考功郎中、吏部员外郎或吏部侍郎为主考官，权力极大，人员固定，易于营私。宋代则改为主考官由皇帝任命，往往是由六部尚书、翰林学士知贡举任主考官，且年年更换，还配有"权知贡举"（副主考官）若干人，使其互相监督，互相制约。宋太宗淳化三年（公元 992 年）规定知贡举"既受诏，径赴贡院，以避请求"。以后就建立了"锁院"制度。在考选期间，考官和外界隔离，和家里人也不能见面。考官的子弟与亲属赴考，需另派考官，称为"别头试"。

唐已有御使监试之法，到宋代又将其强化。宋规定贡院大门、中门均遣官监守，并搜索士子衣物，以防夹带。宋初，士子在试诗赋时允许带《切韵》《玉篇》，但到真宗时规定，举人除书案外，不许将茶厨蜡烛等带入。若发现携带《切韵》《玉篇》以外书籍，或有耳语等现象，立刻赶出考场，并罚其停止参加科举考试一次。

北宋雍熙二年（公元 985 年）建立考场内巡察制。设巡察官员，监察考官与考生的行迹。李觏（gòu 够）在《寄祖秘丞》诗中曾描述科场的情景：

　　　主司隔帘帷，欲望不可跂（qì 弃）。
　　　中贵当枨（chéng 成）闑（niè 聂），搜索遍靴底。
　　　呼名授之坐，败席铺冷地。
　　　健儿直我前，武怒足防备。

他还感叹道：

　　　少小学贤能，谓可当宾礼。
　　　一朝在槛阱，两目但眙眙（yí 移）。

由此可见，这些措施在严格考场秩序的同时，对士子身心也是一种压抑和摧残。

南宋理宗时，还实行一种奖励检举制，即对"告捉怀挟、传题、传稿、全身代名入试之人"，出官钱奖赏，以防考场作弊。

严格考试纪律，实行"糊名"与"誊录"制度。所谓"糊名"，是把考卷上的姓名、籍贯等密封起来，所以又称为"弥封"与"封弥"。宋太宗淳化三年（公元 992 年）御崇政殿复试合格进士，采用"糊名考校"的办法。宋真宗景德四年（公元1007年）将"糊名"办法用于省试。宋仁宗明道二年（公元1033年）又将"糊名"办法用于州试。但是"糊名"之后，还可以"认识字画"。后来又根据袁州人李夷宾的建议，将考生的试卷另行誊录。考官评阅试卷时，不仅不知道考生的姓名，连考生的字迹也无从辨认了。"糊名"与"誊录"制度的建立，对于防止主考官的"徇情取舍"的确发生过很大的效力。沈括在《梦溪笔谈》卷九中讲了一个故事：宋仁宗时有国子监的一学生叫郑獬（xiè 泻），颇有名气，也有学问，但国子监发送优秀生参加会试的名单上，将他名列第五，他十分生气，大发牢骚，大骂主司是"驽马""顽石"。主司恨之入骨。后来郑獬参加殿试，这位主司又担任考官，一心想使郑獬落选，把一份卷子误认为是郑獬所作，加以贬斥，判为"不通"。后来拆封，郑獬却以第一名录取。据《宋史·常安民传》载：常安民参加省试，被录取为第一名，拆封后，主考官见他年少，想另换一人做第一名，考官判监常秩不同意，认为既是"糊名较艺"，怎能任意更改名次呢？

据陆游《老学庵笔记》卷十载，苏轼门下有著名六弟子，其中只有李廌（zhì 治）一人为白身，而苏轼素对李很赏识。"东坡素知李廌方叔。方叔赴省试，东坡知举，得一卷子，大喜，手批数十字，且语黄鲁直（庭坚）曰：'是必吾李廌也。'及拆号，则章持致平，而廌乃见黜。"苏轼虽欲助李方叔功成名就，但是因弥封之故，而无力相济。为此，李方叔的乳母大哭曰："吾儿遇苏内翰知贡举，不及第，他日尚奚望？"遂闭门自缢身亡。苏轼也为弟子的黜落而懊丧万分，作诗抒发感慨，诗题为《余

与李鹰方叔相知久矣，领贡举事，而李不得第，愧甚，作诗
送之》。诗云：

> 与君相从非一日，笔势翩翩疑可识。
> 平生漫说古战场，过眼终迷日五色。
> ……

上述郑獬的得意与苏轼的懊丧均系弥封所致。

然而随着宋王朝的腐朽，科场舞弊也层出不穷，"糊名""誊录"也难以阻止主考官们的徇私舞弊。据《续资治通鉴长编》卷五十九载：宋真宗时，枢密直学士刘师道的弟弟刘几道参加殿试，考官陈尧咨为了巴结刘师道，让刘几道在考卷中做暗号，虽然考卷糊名弥封，陈尧咨仍辨认出这份考卷，把刘几道取在优等之列。

到了南宋，考场舞弊愈加严重。如秦桧当权之际，肆意妄为，公开提拔子孙亲信，排斥异己，把科举考试变成结党营私的手段。据史载，绍兴十二年（公元 1142 年）秦桧私授其子秦熺（xī西）为状元（后因有旧规约定权贵子弟不得为第一，退为第二），绍兴二十四年（公元 1154 年）省试，秦桧派亲信魏师逊等为考官，将秦桧之孙秦埙（xūn 勋）列入榜首。殿试时秦桧又让其亲信内定秦埙为第一，秦桧的亲信周寅为第四，秦桧的姻亲沈兴杰等为进士及第。殿中侍御史汤鹏举论述道："今科举之法，名存实亡，或先期以出题目，或临时以取封号，或假名以入试场，或多金以结代笔，故孤寒远方士子不得遇高甲，而富贵之家子

弟常窃巍科，又况时相预差试官，以通私计。前榜省闱（wéi 违）殿试，秦桧门客、孙儿、亲旧得占科甲，而知举考试官皆登贵显，天下士子归怨国家。伏乞申严有司，革去近弊，如知举、参详、考试官，乞临期御笔点差，以复祖宗科举之法。"何俌（fǔ 府）在《龟鉴》中亦愤慨："悉以其亲党居之，天下为之切齿，而士子无复天子之臣矣！"

据《宋史·选举志二》载："而举人之弊凡五：曰传义，曰换卷，曰易号，曰卷子出外，曰誊录灭裂。"意思是说，当时考场作弊的手法有五种：一是传递答案；二是调换试卷；三是涂改试卷编号；四是将试卷传出考场，请场外人替答；五是誊录时进行篡改。可见严防舞弊的措施虽多，只能对付那些没有门路依托的老实百姓。

2. 辽金元的考试制度

契丹族是生活在辽河与滦河上游的少数民族，出身于契丹耶律氏贵族的阿保机统一了契丹八部，于公元 916 年自立为皇帝，即辽太祖。他的儿子耶律德光继承了皇位，于公元 947 年把契丹国号改为"辽"。据《辽史·室昉传》载，早在辽太宗会同初年便有契丹族人室昉"登进士第"之举，说明辽实行科举考试制度较早。又据《辽史·景宗本纪》载：景宗保宁八年（公元 976 年）"诏南京复礼部贡院"，即恢复了科举考试的机构。又据《续文献通考·选举考》载，辽圣宗统和六年（公元 988 年）"诏开贡举"，辽的科举考试制度才算正式建立和健全起来，范围也有所扩大，每年考中的人有几人、十几人、几十人。到兴宗、道宗时，中进士的人多了，从几十人到百余人。当时效法唐制，设乡试、府试、省试三级，后又增加廷试（即殿试）。起初只考诗词歌赋和法律，后增加了明经、茂才异等及其他科目。起初是每年考一次，自辽兴宗以后，则是三年举行一次。考试后的阅卷录取和授官等方法，均仿唐宋制度。进士录取等第，主要根据考生成绩，分为甲、乙、丙三等。新科进士录取后，辽代皇帝亲自接见，并举行隆重的颁赐仪式，使新科进士感戴皇上赐给的恩荣。

辽的科举考试制度主要是为汉人设立的，严禁契丹族的人参加科举考试。一方面表示朝廷尊重中原先进文化，另一方面也是为笼络汉族知识分子使其为辽朝廷服务。至于本族人，只要学会骑马射箭、握好兵权就够了，另有一套升官制度。兴宗时耶律庶箴因为让儿子耶律蒲鲁去参加科举考试，竟受到"鞭之二百"的处罚。但到了辽代后期有些变化，对契丹族人参加科举考试的限制明显地放松了。一些契丹族贵族子孙也通过科举考试，获得声名。如辽宗室耶律达实，"字重德，太祖八代孙也。通辽、汉字，善骑射，登天庆五年（公元1115年）进士第，擢翰林应奉"。又如耶律俨，自幼好学，"有诗名，登咸雍（辽道宗年号，公元1065—1074年）进士第"。

辽代科举考试制度虽在其规模和影响上，以及在管理水平和考试的标准化方面都远不如唐、宋，在实施范围上又带有一定的狭隘的民族局限性，但辽代的科举考试的实施，对于辽代加速其封建化的进程，对于儒家传统文化的传播，对于促进民族之间的融合以及促进北方文化教育事业的发展，都是有益的。它还为金代科举考试制度的发展提供了借鉴。

女真族完颜阿骨打于公元1115年在会宁（今黑龙江哈尔滨市阿城区白城）建立了"金"。公元1125年金灭了辽，公元1127年金又灭了北宋，金政权控制的地区迅速扩大。到了公元1141年，金和南宋王朝达成了"绍兴和议"之后，淮河以北地区全部在女真贵族的统治之下了。为了笼络汉族知识分子，金太宗天会元年（公元1123年）第一次设科考试，紧接着第二年又连续举行两次科举考试。公元1127年北宋灭亡之后，金又举行科举考试，分南北场考试，各以经义、词赋取士。北场录取进士200人，南场录取进士150人。到了海陵王正隆元年（公元1156年），金废除了南北二场考试做法，并对科举考试作了调整，确定为三年举行一次，考试分为四个层次：乡试、府试、省试、廷试（殿试）。"凡诸进士举人，由乡至府，由府至省，及殿廷，凡四试皆中选，则官之。"考试范围以五经三史的正文为限，科目有词赋、经义、策论、律科、经童科等。考试词赋、经义、策论中选者，称为进士；律科、经童科中选者，称为举人。此外还有临时的制科。金世宗大定十一年（公元1171年），金朝首创女真进士科，专招女真族人考试，有一套异于汉族人的考试和录取程序。可见金朝比辽朝更重视科举考试，没有沿袭辽朝不允许本族人参加科举考试的狭隘规定。不过女真族贵族子孙做官仍有世袭法保证，不一定都经科举考试这一途径。有的女真族贵族子孙科举考试落选，但仍可被赐予"及第"，谓之"恩例"，或经朝廷大臣推荐授予出身，谓之"特恩"。到了哀宗晚年，则明确规定"许买进士第"。这更为贵族、官僚及其子孙后代升官晋级大开方便之门。值得提出的是金代在科举考试的内容、形式及录取方式上还有不少创新。如在金章宗明昌元年（公元1190年），皇帝下诏在《六经》《十七史》《孝经》《论语》《孟子》及《荀子》《扬子》（扬雄）《老子》内出题，并且还要在题下注其引经据典的根据，这种命题范围并要求注其经典出处的办法，是金代的创新。比起辽、宋科举考试主要从"四书""五经"中寻找答案是大大地扩展了，扩充到经、史、百家之言的范围，并且要求考生的答题引用的资料必须注明来源，这对考生提出了更高的要求。金时进士的待遇甚为优厚，这对汉族知识分子具有更大的吸引力。这大概也是出于政治斗争的需要，与南宋政权争夺知识分子的支持。元朝人写《金史》时，也称金代科举考试制度"得人为盛"。与辽代不同的是，金代除设"常科"之外，还设有"宏词科"等特科和武举科。特科即制科，"以待非常之士"，是常科的补充。"宏词科"本是宋代始设的，考试章表、露布、檄书、颂、箴铭等文体的科目。金代把它作为特科，也是为了笼络一些有特殊才能的汉族知识分子。"武举科"始设于金熙宗皇统年间（公元1141—1149年），分府试、省试两级，上、中、下三等。金代末年，科举考试搜检甚严，要用军士监检，对于私带夹书严加搜查，有的要求考生先沐浴、更衣才准入场，有的还要求"解发袒衣，索及耳鼻"，这更是前所未有之奇闻。

当然，金代科举考试制度并不完善，没有回避措施，为权贵以权谋私大开方便之门。而且金末更重门荫、重军功，甚至金哀宗晚年，明确规定许买官、许买进士第。科举考试成为官僚贵族的特权，对一般士子则失去了意义。

　　1206 年成吉思汗称帝，建立了蒙古汗国。1237 年，成吉思汗的儿子窝阔台汗占领中原地区的时候，中书令耶律楚材就曾经建议实行科举制度，认为守业必用文臣。窝阔台汗接受了这个建议，下诏诸路考试，始以经义、词赋、论等三科取士，凡汉族俘虏中的儒生，亦令就试，共录取了 4030 人。这是元朝在统一中国南北以前所举行的科举考试。忽必烈于 1260 年称帝之后，一些汉族官员建议实行科举考试制度，但朝廷总是议而不决。直到元仁宗皇庆二年（公元 1313 年），元朝才正式制定科举考试的章程。

　　元朝把人分为四等：第一等是蒙古人，第二等是色目人（包括西夏、回族等西北地区的少数民族），第三等是汉人（包括契丹、女真及原来金朝统治下的汉人），第四等是南人（包括长江以南的汉人及西南地区的少数民族）。元朝规定蒙古人、色目人考两场，第一场考经问五条（从《大学》《论语》《孟子》《中庸》"四书"中出题，用朱熹章句集注），第二场考策一道（以时务出题，限 500 字以上）。汉人、南人考三场，第一场考明经经疑二问（从"四书"中出题，用朱熹章句集注），经义一道（从"五经"中选一经，用古注疏，限 500 字以上）；第二场考古赋、诏诰、章表一道；第三场考策一道（从经史时务内出题，限 1000 字以上）。考试录取的蒙古人、色目人作一榜，称为"右榜"；汉人、南人另作一榜，称为"左榜"。第一名赐进士及第，从六品；第二名以下及第二甲，皆正七品；第三甲以下，皆正八品。各等人的录取名额虽然一样，但如果蒙古人、色目人愿意参加汉人、南人的考试，录取后授予的官职可以提高一等。这些规定都体现了元统治者在科举考试制度中贯彻的民族歧视政策。

元朝的科举考试，规定每三年举行一次，分为三级：一是乡试（行省考试），二是会试（礼部考试），三是御试（即殿试）。发榜后，元代皇帝要在翰林国史院赐恩荣宴。然后，新录取的进士们还要陛见皇帝，并到孔庙行礼，到国子监刻石题名。元代没有制科考试，但有童子科，考中童子科的少年儿童可以被保送到国子学去学习。

元朝科举考试制度日趋严密。据《元史·选举志》载：除规定可以携带的书籍外，其他一律不准怀挟；考生自备三场文卷并草卷（每场准备12幅），卷首要写明籍贯、年龄、祖父三代名字；凡娼优之家及患废疾、犯十恶奸盗之人，不得入试；考生与主考官有五服内亲者，自当回避；如发现考试作弊及令人代作者、汉人南人有居父母丧服应举者不准下两届参加科考；考生违反考场纪律高声喧哗者也不准下两届应举；实行试卷弥封糊名、誊录制，各级考试，每名考生遭一士卒监视，以防舞弊等等。

另外，贡院内考官、弥封官、对读官、誊录官、监试官、帘内官、帘外官、巡捕官及兵役各司其职，有越轨者亦治罪。这为明清时期贡院制度的完善奠定了基础。

元代科举考试共举行了16次，其中录取进士达百人以上的仅有两次，其余都不过百人，总计共取士1133人。元代科举考试制度虽谈不上发达完善，却在唐宋与明清之间起了承前启后的作用。特别是元代科举考试的内容及标准出现了重大变化，自仁宗皇庆二年（公元1313年）规定将朱熹的《四书集注》

作为科举考试的解经标准，即把程朱理学抬入了科举考试的殿堂，从此，朱熹所提倡的"四书"与"五经"并列，被列为科举考试出题的范围，并为明清两代所沿袭。

元代著名回族诗人萨都拉在泰定四年（公元 1327 年）以三甲进士及第，他写了一首及第后的"谢恩诗"《丁卯及第谢恩崇天门》：

禁柳青青白玉桥，无端春色上官袍。

卿云五彩中天见，圣泽千年此日遭。

虎榜姓名书敕纸，羽林冠盖竖旌旄。

承恩朝罢频回首，玉漏花深紫殿高。

这首诗通过对崇天门景物的形象描绘，抒发了作者及第后的心情，诗中的无限春色，既是点染元大都宫城的春色美景，又暗喻了他登第之喜悦。

元代诗人马祖常延祐初乡贡、会试皆第一，廷试第二，曾任御史中丞等职。他写了《贡院次曹子真尚书韵二首》，贡院指元代科举考试之试院，曹子真尚书为作者之朋友，有诗赠给作者，作者便步曹尚书之诗韵，写了这两首和诗酬答朋友。这两首诗用比喻手法和形象化的语言，描述了元代会试、廷试中的规制习俗。前一首着重写了传胪唱名和放榜的情景，后一首着重渲染了"赐恩荣宴"：

（一）

杏园三月换银袍，燕子西飞背伯劳。

赋罢长杨传唱急，天门金榜日华高。

（二）

红绫饼馐出宫闱，赐宴恩荣玉殿西。

白发词臣曾射策，榜名欣见武都泥。

　　元代自皇庆二年（公元1313年）订定科举考试制度后，延祐二年（公元1315年）实行开科取士，以后每隔三年就开科一次，共举行了七次，到元惠宗至元元年（公元1335年）停罢科举考试。中断七年后，到至正元年（公元1341年）又恢复科举考试制度。

　　元代诗人周伯琦写了一首诗《是年复科举取士制，承中书檄以八月十九日至上京，即国子监为试院，考试乡贡进士纪事》。这首诗诗题很长，反映的就是至正元年恢复科举考试，在国子监举行会试的实况：

上国兴王地，神州避暑宫。

规摹三代廊，声教万方隆。

至正儒科复，留司造士充。

周南麟趾厚，冀北马群空。

积雪寒无夜，清秋月正中。

毡闱环璧水，彩笔扇祥风。

……

这是至正元年恢复科举考试制度的真实记录，也是国子监试院考试乡贡进士的生动写照。

元代选士制度，一方面通过科举考试选拔，另一方面也通过学校贡举，双轨并行。学校贡举虽名额有限，却是对科举考试的补充。而且在惠宗元统年间（公元1333—1335年）朝廷内曾展开是否罢免科举考试的争论，至元元年（公元1335年）诏罢科举。相隔七年后才再度恢复科举考试，并明文规定："国子监积分生员，三年一次依科举例入会试，中者取一十八人。"至此，学校的升斋积分之法也汇入了科举考试制度的体系之中，成为科举考试制度的附属品。

四、明清时期科举制度的弊端与终结

1. 明清科举考试的程序与方法

明朝建立之初，朱元璋通过科举考试、荐举贤才、学校培养等各种途径来解决选官取士问题。洪武三年（公元1370年）曾下诏实行科举考试，一连举行三年。由于被选取的人才多是少年后生，缺乏实际经验，朱元璋颇不满意，所以从洪武六年（公元1373年）起暂停科举。这时明朝十分注重荐举取士和兴办学校，从中选拔优秀人才任用做官。不过，荐举的情况也并不比科举好，荐举多且滥。经过比较以后，洪武十五年（公元1382年）又决定恢复科举取士，从洪武十七年（公元1384年）

以后每隔三年举行一次，以后科举取士很快又被提高到主导地位，荐举渐渐衰落，而学校也成为科举的预备机构了。

　　清朝建立之后，也实行荐举和科举两种办法选拔人才，但荐举效果不佳，士人也多鄙视荐举。汉族知识分子也纷纷建议清朝廷注重用科举考试制度笼络人才。如浙江总督张存仁说："开科取士，则读书者有出仕之望，而从逆之念自息。"大学士范文程也说："治天下在得民心。士为秀民，士心得，则民心得矣！请再行乡、会试，广其登进。"故清朝选官取士仍以科举考试为主，科举从内容到形式基本上因袭了明代的制度，到乾隆时基本定型。

江南贡院明
远楼

　　明清时期科举考试突出进士一科。考试大致分以下四个步骤。

　　第一步称为"童试"，也可说是预备性考试。考生无论年龄大小皆称"儒童"或"童生"，先参加州、县级考试（即童试），由州、县长官主考，通过以后称为"生员"，又名"庠生"，俗称"秀才"。"秀才"又分三等，成绩最好的称"廪生"，由国家按月发给伙食补助费。其次称"增生"，不供给伙食补助费。"廪生"和"增生"是有一定名额的。三是"附生"，初进学的附学生员。

明正统元年（公元 1436 年）为了加强中央王朝对地方各级学校（府、州、县学）的统一集中管辖，便任命了一个负责专管一省教育的学官，叫"提调学校官"，这个学官也称为"学院"，由"学院"主持考试，所以"童试"又称为"院试"。院试合格后的"秀才"，同时也可入地方州县学为生员。获得"秀才"资格之后才能参加高一级的考试。秀才地位比老百姓高出一等，见了知县可以不下跪，官府也不能随便对其动用刑法。所以《儒林外史》第三回写到范进中了"秀才"之后，他的老丈人胡屠户说："你如今既中了相公（秀才），凡事要立起个体统来……家门口这些做田的、扒粪的，不过是平头百姓，你若同他拱手作揖，平起平坐，这就是坏了学校规矩，连我脸上都无光了。""童试"仅是科举考试漫长征途中迈出的第一步，却有成千上万的人难以迈出这艰难的一步。据《清朝野史大观》卷十一载："久试不第者尤甚。某叟年五十余，应县试考三十次，尚未冠。自题七绝云：县试归来日已西，老妻扶杖下楼梯。牵衣附耳高声问：未冠今朝出甚题？"

童试考试的内容，主要是"四书"文（《大学》《中庸》《论语》《孟子》），还有《孝经》《性理》及《太极图说》《西铭》《正蒙》等儒家经典和理学著作，以及清朝廷颁布的《圣谕广训》《训饬士子文》等。试"四书"文的体裁为八股文，亦称制义。"试帖诗"是试场考律诗的专称，题目与音韵有限定，并要求考生默写《圣谕广训》等。

考试之日黎明前点名入场，入场时要经过严格搜检，解开头发，脱下外衣，不许携带片纸只字及金银等物。入场后发给试卷，考生按卷面钤印的座号入座，随将大门、仪门封锁。堂上击云板，试场即刻肃静，差役执题目牌在甬道上来往行走，使考生看清题目，视力不好的考生可站起来请求考官将题目高声朗读两三遍，但考生不得离开座位。考场周围有兵丁监视，如发现考生有移席、换卷、丢纸、说话、顾盼、吟哦等情况，立即扣考，重则枷示。在考生得题一段时间后（约上午九点到十点），监考官持学政发下来的小戳盖于誊正考卷上（约在百字试文之间），以防请人代考或抽易试卷之弊。下午一点到三点（未时）大门外击鼓三声，堂上巡绰官击云板三声，高呼："快誊真！"下午三点到五点（申时）大门外再次击鼓，不论是否誊完都必须交卷。受卷官每收一卷，发给一牌，积至 30 人，开门一次，放一批出考场者，先放头牌，继而再放二牌、三牌，到终场为止。出门时收一牌，放一人。试卷的背后右角上弥封糊号，其上加印。院试第一名称院案首。院试揭晓，称作"出簧（hóng 红）案"，也谓"红案"，即由学官将此届各县入学之人的姓名，按县分籍，以红色印出，汇成一册，分送各生。

　　严格地说起来，童试只是一种入学考试，童试合格者只表示已取得了地方官学生员的资格。而真正意义上的科举考试取士制度，是从乡试举人开始的。

　　第二步称为"乡试"，是省一级的考试。每三年举行一次，叫"大比"，一般在子、卯、午、酉年举行，因为考期定在农历八月，故又称"秋闱"。每场乡试设主考二人，同考四人，统称为"内帘官"。考官一般由皇帝临时任命，多由进士出身的京官和教官担任，主考多是翰林出身。提调官多在布政司或京府抽出一名司官担任，负责行政和总务工作。为保证考试"至公"，按察司或都察院派两名司官或御史担任监试官。提调官和监试官统称为"外帘官"。外帘官不得侵夺考官的权力，不得干预考官判卷录取工作。

乡试在各省省城举行。八月初九日为第一场，十二日为第二场，十五日为第三场。每场均是先一日点名放入，后一日放出。考试文体亦用八股文（或称制艺、时艺、时文、"四书"文）。明代第一场试"四书"义三道，每道限 200 字以上，经义四道，每道限 300 字以上。第二场试论一道，限 300 字以上，诏、诰、表内科一道，判语五条。第三场试经、史、时务策五道，均须达 300 字以上，但能力稍差者可酌情减二道。清初基本上随明制，乾隆年间对乡试三场的内容作了调整。乾隆五十二年（公元 1787 年），皇帝因士子专治一经，于他经不旁通，非敦崇实学之道，命自次年起废专经，乡、会试在每连续的五年内，每年轮试一经。于是定首场"四书"文三篇，五言八韵诗一首。第二场经文五篇，题用《易》《书》《诗》《春秋》《礼记》。第三场策问五道，题问经史、时务、政治。自是遂为永制。每场试卷字数亦有限制，清初顺治二年定，初场文字每篇不得超过 550 字，第二、三场时表不得超过 1000 字，论策不得超过 2000 字。由于文字规定得太短，词意难尽。康熙年间，第一场文字宽限到 650 字。乾隆四十三年（公元 1778 年）又定每篇以 700 字为率，违者不予录取。

乡试三场共计九日，农历八月天气尚热，日间烈日炎炎，加上炉火灼炙，闷热得使人难受。另外，每排号房尾部有厕所，臭气弥漫。有一位参加数次乡试的考生在《科场回忆录》中记载其亲临浙江乡试的情景："一号之中，分数十间，一间坐一考生，极底则为厕所。坐近厕所者，谓之'臭号'，第一场犹可。第二场则秽气远播，实不可耐，以考生贪近便，大小解不必皆至厕中也。余丁酉科（清光绪二十三年，即公元 1897 年）二场，坐臭号，天气郁蒸，竟至发病，曳白（考试交白卷）而出。又有与炊爨（cuàn 窜）之地相对者，曰'火号'，烟熏火炙，亦不可耐。"这位考生因坐"臭号"而得病，交白卷出场，后又多次赴乡试，直到癸卯科（公元 1903 年）才中举。

北京贡院明远楼后的考棚

乡试通过者称为"举人"。乡试中举称"乙榜"，也叫"乙科"。第一名叫"解（jiè 介）元"，"解"，发送也，意思是说由地方考取了将发送到京城去参加"会试"，"元"是第一，第二名叫"亚元"，第三、四、五名叫"经魁"，第六名叫"亚魁"，其余称"文魁"，中举以后，照例要报喜，报喜的人叫"报子"，头上顶着红缨帽子，骑着马，敲着锣，带着报条，到中举的人家门口去张贴。报条上写着：

喜　报

贵府老爷 ××× 应本科 × 处乡试高中第 × 名举人

报喜人 ×××

南闱放榜图

清代诗人张子秋（学秋氏）的《续都门竹枝词》，有一首《报喜》诗：

高升高中任高才，添喜红条便报来。

讨赏门前无别话，今朝小的喝三杯。

这首诗形象地描写了登第中举送喜报的风俗，抒发了报喜人和作者对高升高中的喜悦之情。

报条贴过之后，便由考中的人家出来招待报子。考中了"举人"，不仅可以进京参加全国性的"会试"，即使"会试"未能考中"进士"，也具备了做官的资格。所以《儒林外史》第三回，说范进中了举人以后，很多人来拜"新中的范老爷"，"自此以后，果然有许多人来奉承他：有送田产的，有人送店房的，还有那些破落户，两口子来投身为仆图荫庇的。到两三个月，范进家奴仆、丫环都有了，钱、米是不消说了。"难怪范进听到自己中举的消息，竟然高兴得发了疯，而他的老丈人胡屠户也变了一副嘴脸，说："虽然是我女婿，如今却做了老爷，就是天上的星宿。"举人的铨选，其职高者为知县，其低者为地方官学学官，能跻身于宦海者，占举人总额的比例不多。有的等上几年、甚至几十年仍为布衣。《都门竹枝词·候选》诗云：

> 老叟皤皤发似银，龙钟带病少精神。
> 贵班请问居何职？四十年前老举人！

第三步称为"会试"，是中央级的考试。在乡试后的第二年，即丑、辰、未、戌年之春季农历二月在京城举行，故又称"春闱"或"礼闱"。清雍正五年（公元1727年）及乾隆二年（公元1737年）因有闰月，天气寒冷，会试时间临时改在三月。乾隆九年（公元1744年）有上谕曰："明年二月会试，天气尚未和暖，搜检时不无寒冷，且各省俱需复试，士子到京，未免稍迟，著改期于三月举行。"故从乾隆十年（公元1745年）起会试均在三月举行。三月初九为会试首场，十二日为第二场，十五日为第三场。各场均是先一日领卷入场，后一日交卷出场，每场计三日。会试时各场的内容、文字的限制等，与乡试大体相同。

会试由礼部主持。皇帝从翰林和教官中任命主考二人，同考八人负责。明中叶后，正主考由翰林出身的大学士担任，副主考由翰林院或詹事府的长官担任。同考官增加到20人，其中翰林12

人，科、部官各 4 人。提调官 2 人由礼部遣员担任。监试官 2 人由监察御史担任。参加会试的是全国各地的举人。录取的名额没有定制，有时只有 30 余人，有时多达 400 余人。会试录取后被称为"贡士"，第一名叫"会元"。明仁宗洪熙元年（公元 1425 年），会试录取名额开始有南北之分，规定南方人占 3/5，北方人占 2/5。以后又曾分南、北、中三卷，在 100 个名额中，南卷取 55 名（淮河以南的各省考生），北卷取 35 名（淮河以北的各省考生），中卷取 10 名（云、贵、川、桂、皖等省的考生），采取"分地而取"的原则，照顾了各地区的利益。清朝也曾按南、北、中三卷分配会试的录取名额，一般按 20 名考生录取 1 名的比例分配。乾隆三年（公元 1738 年）特准台湾来京会试举子够 10 名便可取 1 名，以示关照、鼓励。录取总名额由皇帝临时决定。如果会试未被录取，可改入国子监做监生，待以后有条件时可授予京师小官或府佐、州县正官等。当时会试还有副榜，凡上副榜的举人，不算正式录取，但大多数可授予学校教官。入监的举人也给予俸禄。

会试本无复试，清康熙五十一年（公元 1712 年）壬辰科时，有人作弊，遂进行复试。雍正及乾隆年间亦有过复试，嘉庆时始著为令。凡贡士发榜后数日，即进行复试，地点在乾清宫，

清代殿试大、小金榜

后来改为保和殿。复试时试"四书"文一篇，五言八韵诗一首，当日交卷。复试列一、二、三等者，准予参加殿试。

第四步称为"廷试"或"殿试"。会试之后（一般在农历四月）举行，由皇帝亲自主持，由大学士、尚书、都御史、通政史、大理寺卿、翰林学士、詹事等担任读卷官，以礼部尚书、侍郎任提调，由御史监试。殿试只试策问一场，要求考生当场交卷，弥封后送读卷官审阅。殿试并不淘汰，参加殿试的贡士均能获取进士资格。殿试考中称"甲榜"，也叫"甲科"。出榜分为三甲：一甲赐进士及第，只有三名，为状元（又称殿元）、榜眼、探花，合称"三鼎甲"。状元一般授翰林院修撰，榜眼和探花一般授翰林院编修。二甲赐进士出身若干名，其第一名为传胪（lú庐）。三甲赐同进士出身若干名。二、三甲的进士可以参加翰林院庶吉士的考试，叫"馆选"，考取后称"庶吉士"，学习三年然后补授重要官职。馆选未考取的进士可能被授予给事中、御史、六部主事以及诸府推官、知州、知县等官。殿试之后，在揭晓录取结果时，要在殿前举行一次隆重的唱名典礼。殿试后，

清代状元及第匾

皇帝要亲赐诸进士宴。当时中了进士，功名就算到了尽头。所以《儒林外史》第十七回浦墨卿说："读书毕竟中进士是个了局。"凡是通过乙榜中举人，又通过甲榜中进士而做官的人，叫作"两榜出身"。一身兼有"解元""会元"、"状元"的，叫作"连中三元"。据清王之春所著《椒生随笔》载，唐朝以来"连中三元"的共有13人。他们是：唐朝的张又新、崔元翰；宋朝的孙何、王曾、宋庠、杨置、王岩叟、冯京；金朝的孟宗献；元朝的王崇哲；明朝的商辂（lù 路）；清朝的钱棨（qǐ 起）、陈继昌。在科名中，荣誉最高的要算是状元，故中状元者号为"大魁天下"。

> 抡才天子重文章，金殿传胪名姓香。
>
> 分导红旗来谒庙，满街争看状元郎。

这是清代诗人杨静亭《都门杂咏》中的一首七言诗《传胪》，描述了明清金殿传胪典礼的科举考试习俗，宣扬了中状元、登进士的荣耀。

状元游街
夸官图

据《明宰辅考略》载，明永乐初至崇祯末，历任内阁大学士计163名，按明代的两京十三布政使司地域划分，这163名的籍贯如下（内一人待考）：南直（包括今江苏、安徽、上海）27名，浙江26名，北直（今河北）17名，山东13名，福建11名，四川9名，山西5名，广西2名，江西22名，湖广（今湖北、湖南）12名，河南11名，广东5名，陕西2名。从上述人员分布可看出江南的南直、浙江、江西、湖广、福建共98名，占全部内阁大学士的60%，这无疑体现了通过科举考试制度进入官僚机构上层的南方士人要多于北方人的现象。如果没有南北卷的分设，或许南方士子进入统治集团上层者还要多一些。

据查，在清朝114名状元中，江苏49名，浙江20名，安徽9名，山东6名，直隶、广西各4名，江西、湖北、福建、广东各3名，湖南、贵州、满洲各2名，河南、陕西、四川、蒙古各1名。其中，满洲、蒙古三状元属八旗系统。山西、云南、甘肃等地区无状元。又查，在清112科殿试（顺治壬辰科、乙未科曾专门增开满洲进士科）中，共产生三鼎甲（即状元、榜眼、探花）342名。其中江苏117名，浙江75名，安徽21名，江西18名，山东14名，湖北13名，湖南13名，广东11名，福建10名，满洲8名，直隶8名，顺天8名，河南5名，广西5名，贵州3名，陕西3名，四川3名，汉军（即汉军八旗，清自崇德七年汉族士兵编为军队称汉军八旗）3名。

有趣的是，各省殿试夺魁的人数，大致和各省中进士人数比例相同，反映了当时各省政治、经济、文化教育水平之高下。清朝对于七八十岁乃至百岁老人参加会试落第者，也常赏给国子监司业或翰林院编修、检讨等虚衔。据传康熙三十八年（公元 1699 年）顺天乡试，考生黄章已达百岁；乾隆五十一年（公元 1786 年），98 岁的广东考生谢启祚中举人，还自嘲作诗云：

> 行年九十八，出嫁不胜羞。
> 照镜花生靥，持梳雪满头。
> 自知真处子，人号老风流。
> 寄语青春女，休夸早好逑。

道光六年（公元 1826 年）春季，在北京举行会试。在众多的举子当中，有一位两鬓苍苍、年已 103 岁的老人，他是来自广州府三水县的陆云从。主考官发现这位举子竟是年逾百岁的老人，十分吃惊，便立刻上奏皇上。道光皇帝很高兴，认为这是"人瑞"，是吉祥的预兆，当即赐给陆云从老人国子监司业的官衔。

明清时期，各省多在省城的东南建立贡院，作为乡试的考场。北京贡院，开始地方狭小，直到明万历年间开始重建，建于崇文门内观星台西北，南向。大门正中悬"贡院"二字大匾。二门正中悬"龙门"金字匾。龙门的北面，是一座二层的明远楼。

1900 年广东贡院的号房

考试期间，监临、监试、巡察等官登楼眺望，居高临下，整个考场尽收眼底，便于防察。明远楼北面是"至公堂"。自龙门到至公堂甬道东西两侧是东西文场，东西文场各有南向成排、形如长巷的号房57排，共9064间。每排号房为一字号，用《千字文》编列次序，在巷口门楣墙上书"某字号"。每一字号内，号房的间数多少不一，隔以砌墙。每间号房，约高六尺，深四尺，宽三尺。东西两面砖墙离地一尺多至二尺多之间，砌成上下两层砖缝，上有木板数块，可以移动。白天，将木板分开，一上一下，上层是桌，下层是凳；晚上，将上层木板移至下层，并在一起，又成了卧榻。在考试期间，考生经搜身后，携带笔墨、卧具、蜡烛、餐食半夜进入号房，吃饭、睡觉、写文章都离不开这几块木板。"三场辛苦磨成鬼，两字功名误煞人"，当年考生在号房的生活，是十分艰难的。明英宗天顺七年（公元1463年）的会试，天气还很冷，巡逻士兵生火取暖，引起火灾。号房是简易的砖木结构，一排排号房，顿时变成一片火海。号房的门都锁着，考生们蜷曲在里面，无法逃出来，竟有90余人葬身火海，受伤者不计其数。号房卫生条件极差，吃的是冷食，大小便也只能在号房里，考生们很容易生病，瘟疫时有发生。考生答题，须避皇帝之讳及庙号，也不许吐露自家身世和门第。答卷须用墨笔（即"墨卷"），誊录者用朱笔（即"朱卷"）。仍沿用宋制，采用糊名、弥封、誊录之法。

至于殿试，清初在天安门外，后改在太和殿的东西石阶下，遇风雨则移到殿东西两廊下。乾隆后改在保和殿。由于殿深光线暗淡，矮几仅一尺之高，考生盘膝书写一天，腰腿酸痛，眼花头晕，十分受罪。且黎明时分，考生们就要来保和殿恭候，直到皇上升殿，众官员及考生们参拜行礼后，礼部官员才散发考卷，考生们还须下跪接受，再归到自己座位上开始答题，已是耗费几个钟头了，还要书写工整，写出2000字的策问文章，日落前交卷，其紧张辛苦之状是可想而知的。

殿试试卷，用白宣纸裱糊而成。起初裱四层，清乾嘉以后增加到七层。每份试卷，可以分四个部分。第一部分：卷面，占一页。上面盖有满汉合璧的礼部官印，写应殿试举人的姓名。第二部分：履历，占两开，四页。实际上只用第一页，空三页。写本人年龄、籍贯、乡试中式及会试中式年份，开具三代姓名，注明已仕未仕。交卷后，弥封官要把这两部分对折成筒状，以纸糊封，加盖"弥封官关防"之印。直至确定名次后才拆封，将姓名书于金榜。第三部分：试策正文，也是全卷主体部分，起初为九开，清嘉庆以后减为八开，两页为一开，每页六行。有红线直格，无横格。每行最多限写24个字，一般只写22个字，上面要留两个空格为抬头之用。第四部分：卷背，占一页，印有印卷官姓名。卷背的背面，印有读卷大臣的姓氏，大臣读卷后要在本姓氏下画出标志，最后根据各官意见，确定该卷等次。殿试卷的大小尺寸，据《清代科举考试述录》介绍，清初每页长一尺五寸三分，宽四寸三分强；乾隆四十八年（公元1783年）改小为长一尺四寸，宽三寸七分弱。殿试时，另外给草稿本一册，尺寸略小，纵行与正卷相同，但有横格，每行24个字。有时，殿试策试题，便印于草本前面。

太和殿

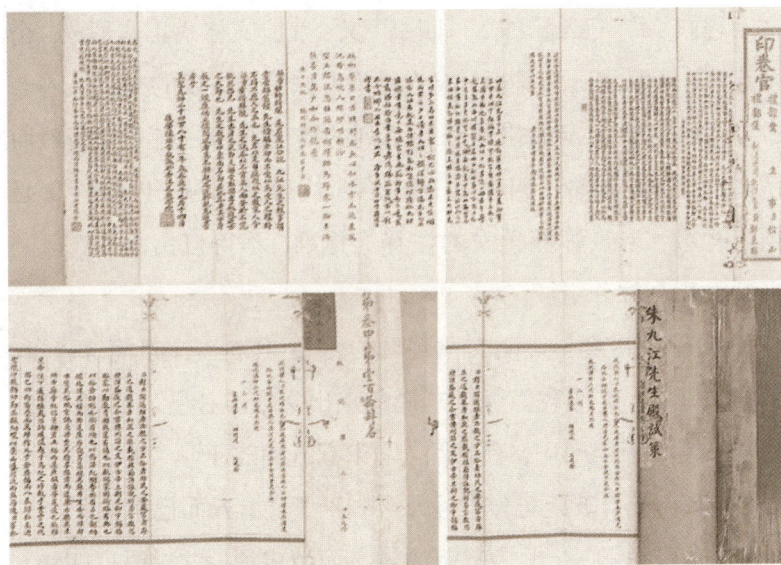

殿试试卷

明清时期科举考试程序图

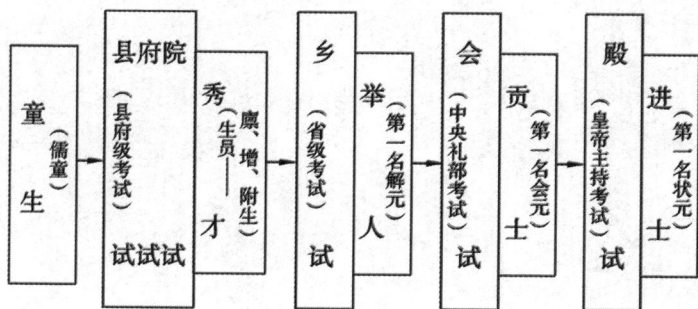

2. 八股文与试帖诗

明清时期科举考试所用的文体，采用排偶文体，称为"八股文"。说到八股文，可追溯到宋元时期，王安石罢诗赋、帖经、墨义，改以经义取士。元代士子考试用经义、经疑。明初乡试、会试的文字程式，称"五经"文、"四书"义，八股文格式正式形成。衍至清代，八股文更为盛行，成为科举考试中最主要的文体。

八股文有固定的格式和一系列的清规戒律，有不少繁琐而苛刻的要求，专取"四书"、"五经"内容而命题，内容诠释必须以程颐、朱熹等理学家的注释为标准，不得自由发挥。每篇文章由八个部分组成。

开头叫"破题"，说明文章题目的意义与内容，文字简练含蓄，把题义破开，类似我们今天常说的点出文章"主题"。如在《红楼梦》第八十四回中，有试题"吾十有五而志于学"（语出《论语·为政》），破题可作"圣人有志于学，十五而已然矣"。

次是"承题"，承接破题的意义而引申说明之，语言明快，意义连贯，承上启下，进一步作主题的补充。如"吾十有五而志于学"的承题可作"夫人孰不学，而志于学者卒鲜。此圣人所为自信于十五时欤"。"破题"与"承题"文字不多却很重要。《红楼梦》里贾政查阅贾宝玉的"窗课"，即塾中习作的八股文，只对三篇文章的破题与承题进行了一番评论，就可了解文章的全貌，因为它们揭示了全文的主旨。

三是"起讲"，即议论开始，因为八股文要"代圣贤立言"，即作者把自己当做圣贤的代言人，所以起讲通常用"意谓""若曰""以为""且夫""尝思"等字开头，总括全题，笼罩全局。

"破题""承题""起讲"这三个小部分合起来被统称为"帽子"，只是说明题意。

第四是"入手"，"起讲"后用一二句或三四句引入本题，称之为"入手"。

第五是"起股"，第六是"中股"，第七是"后股"，第八是"束股"。这四个部分是文章的主要部分，每一部分都有两股两相比偶的文字，共计八股，所以叫作"八股文"，其文字繁简，声调缓急，都要相对成文，一反一正，一虚一实，一浅一深，都很严格。八股文的字数，均有明文限制，违者不录，以后成为定制。八股文形式死板，内容空洞，陈陈相因，千篇一律，要求作者用古代圣贤的思想和口吻，不得越雷池一步，在形式上必须按照一定格式和字数填写，毫无自由发挥的余地。八股文的试题出自"四书""五经"，考生预先就把书中可以作为试题的写成若干篇文章，或请人代做文章，平时只死记硬背以便临时侥幸猜中，随手拈来。也有些儒士专门选编八股文，渐渐成为一种行业，不仅私人编，官方也编，清代八股文选的坊刻泛滥成灾。考生们死读硬背，临到考场就"剿袭"一番，甚至有只知八股文，而连本经都不知的。

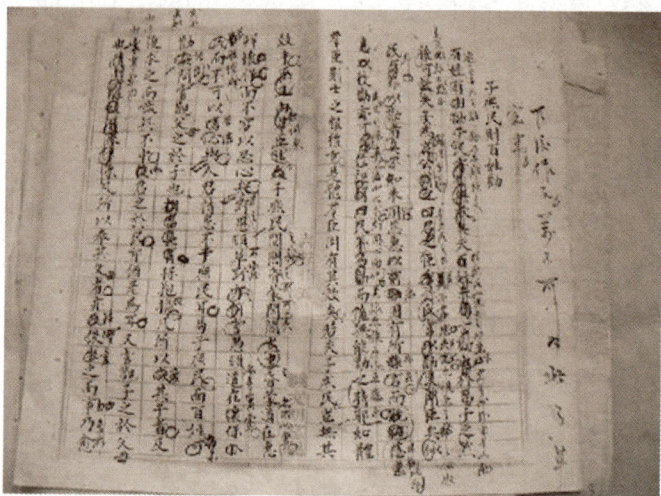

八股文习作

兹录《初学玉玲珑》书中《事君能致其身》一文为例，以见八股文的结构、形式和内容之一斑。

尽其诚以事君，其能亦不易矣。（破题）盖事君者多，而能致身者少也。如其能致者乎？其诚不又尽于事君哉。（承题）尝谓出而筮仕，则事君之日长焉。（正拍事君）第虑循拜飏（yáng 扬）之虚文，而国弗忘家，公弗忘私，未可许为臣道之已至也。（起讲）若夫其人而贤贤之诚也，愿致仕者不外好德之士，修之家者献之廷，岂徒负股肱之寄。（起股前股）且其人而事父母之诚也，求忠臣必于孝

子之门，顺乎亲者获乎上，自不惜膂力之刚。（起股后股）
吾盖观于事君，又能致其身焉。（出题点明题目）其为大
臣欤，若启沃，若调燮（xiè 泻）。凡夫身所可能者，不复
留余地以自处，推其心一若塞塞匪躬。古人之事君有然，
而我岂让未遑也。（中股前股）其为小臣欤，或疏附，或
先后。凡夫身所必能者，并不留余地以处人，推其心一若
鞠躬尽瘁。古人之事君如是，而我岂谢不敏也。（中股后股）
是故内而事君，即使遍为尔德，百姓歌建极之天子，而其
身必不有其功，盖致之者久矣，夫岂仅《天保》之章，而
能云尔哉。（后股前股）且外而事君，即使一月三捷，万
方仰有道之圣人，而其身犹负其辜；盖致之者至矣，夫岂
仅《采薇》之什，为能如是载。（后股后股）噫，事君若此，
不学而能之乎？而况不止此也耶！（落下）

　　这篇八股文的题目出自《论语·学而》："事父母能竭其力，
事君能致其身。"意思是说，侍奉父母，能够竭尽能力，服事君上，
能够忘己忘家。这篇八股文即以此为依据，大意是说：能全心
全意侍奉君主是很不容易的，因为尽自己力量去做事还是容易
的，但要能把自己全部身心彻底奉献出来是很难的。如果一个
人出去做官，能遵循礼义，而国不忘家，公不忘私，那还不能
算达到臣子的最高要求。作为臣子应该具有贤人之贤，以在家
中修养好了的品德奉献于朝廷，岂能辜负帝王对其辅佐者的殷
切期望？如在家里能以诚心侍奉父母，那么对国家就能以忠心
侍奉君主，移孝为忠，所以朝廷求忠臣必于孝子之门。我曾看

到服侍君主而不顾其身的人是这样的。作为大臣，能开诚忠告，调和事理，凡自己能做到的，应全力以赴，全心全意，历尽艰辛。作为小臣，能使臣下亲附君主，辅助完成公务，凡自己能做到的，应全力以赴，鞠躬尽瘁，与人相处。古时候人服侍君上就是这样，我岂能不学习他们、不效法他们呢？所以服侍君主从内（主观方面）来说，在于使自己品德高尚，百姓歌颂，树为准则，自己本身并不会居其功，因为自己很久就已将全部身心奉献给君主了，岂只是《诗经·小雅·天保》篇为君主祝福的诗歌所表达的那些情感？服侍君主从外（客观方面）来说，即使一月三捷，万方景仰有道之圣人，而他自己仍感到不足，因为自己早已将全部身心奉献给君主了，岂只是《诗经·小雅·采薇》篇为君主奉献的诗歌所表达的那些情感？噫！服侍君主如此，不努力学习与修养品德能够做到吗？又何况服侍君主还不止这些呢！

这一篇八股文没有"束股"，只有"六比"（起股、中股、后股两两相对），八股文还有"八比"和"十比"的。只是选一篇以见其例罢了。格式既固定，作者不过是把"四书""五经"的话头意思贯串全文，这很难说是什么代圣贤立言。即使是代圣贤立言，又有什么用处呢？所以顾炎武在《日知录》中说："故愚以为八股之害，等于焚书。"秦始皇只坑埋了400余名儒生，而数百年来八股文坑害的知识分子又何止千万！清初有个医学家徐灵胎，号洄溪，著有许多首"劝世"的"道情"（一种民间小调），学名为《洄溪道情》，其中"刺时文"一首云：

读书人，最不齐。烂时文，烂如泥。国家本为求才计，谁知道变做欺人技。三句承题，两句破题，摆尾摇头，便道是圣门高弟。可知道三通（《通典》《通志》《文献通考》）四史（《史记》《汉书》《后汉书》《三国志》）是何等文章？汉祖唐宗是哪一朝皇帝？案头放高头讲章（指讲解经书与指导写八股文的书），店里买新科利器（指坊刻编印的八股文选）。读得来肩背高低，口角嘘唏，甘蔗渣儿嚼了又嚼，有何滋味！辜负光阴，白白昏迷一世。就教他骗得高官，也是百姓朝廷的晦气。

《红楼梦》中的贾宝玉在谈到八股文时说："这原非圣贤之制撰，焉能阐发圣贤之奥，不过是后人饵名钓禄之阶。"这个批评是实事求是的，反映了实情。

清朝科举考试中，除八股文外，还有一种重要的文体，就是"试帖诗"，又叫"五言八韵诗"，也是一种形式古板、要求严格、不能随意抒发情感而只能歌功颂德、粉饰太平的诗题。它是五言的，共16句，首尾各两句可以不用对偶，其余各联必须对偶，限定以某字为韵，在题目旁须注明"得某字"韵。诗的结构大致和八股文相同，首联名破题，次联名承题，三联如起股，四、五联如中股，六、七联如后股，结联如束股。首联和次联，须将题目字眼全部点出，如题字太多不能全点，也要把要紧的字眼点出。结尾要颂圣——赞扬皇帝、歌颂时政。例如有诗题为"赋得敦俗劝农桑（得敦字）"，这是用唐玄宗的一句诗"敦俗劝农桑"为题。清代嘉庆年间杨庚的试帖诗如下：

耕织鸿图肇，

农桑凤诏温。

巡春民用劝，

函夏俗同敦。

考礼钦祈谷，

歌豳（bīn 宾）重采蘩。

公田皆雨及，

法驾屡星言。

推四风清畎（quǎn 犬），

缫三月满盆。

笠看黄壤聚，

秭（zǐ 子）到绿云屯。

安土齐趋业，

捐租叠沛恩。

万年衣食裕，

寿宇迈羲轩。

试帖诗是应制之作，必须庄重典雅，不能用不庄不吉的字句。据倪鸿《试律新话》卷四载：福州一位举人，只因诗中有一句"一鞭残照里"，主考官说他语用《西厢记》，被取消了录取资格。又如湖南一位秀才，因诗中有"平远山如画，温柔月恋乡"一句，主考官也认为不庄不雅，没被录取。可见试帖诗也和八股文一样，形式呆板，内容空洞，缺乏生气，没有作者自己真实的思想感情。

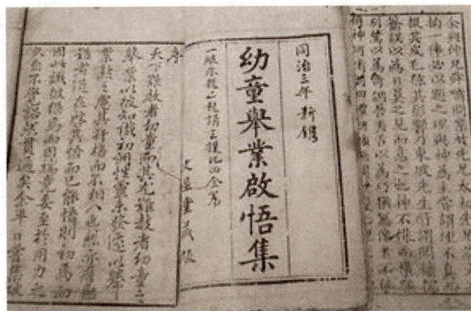

清代幼童举业课本

　　八股文与试帖诗束缚士子的思想，流弊甚多，但是世界上的事也并不那么简单，事情也还有另一面。从文章与诗歌的写作技巧与方法上看，也不能完全否定八股文与试帖诗。从我们研究民族文学史、民族文化史的角度看，它善于变换运用词汇，重视修辞手段，讲究对仗、用典，不得失粘、出韵等等，也不是完全没有文学艺术价值的。如江国霖《制义丛话》序所说："指事类策，谈理似论，取材如赋之博，持律如诗之严。"意思是说八股文博采策、论、诗、赋诸文体之特点，脱化而来，别为一格，不失其为一种文体。再从考试制度来说，因八股文有严格的程式和内容标准，也有利于评分的标准化和客观化。

3．明清科举考试制度的弊端

　　明清时期科举考试制度越来越严密，规矩也越来越多，防范与惩治办法也越来越精细。如清代规定凡乡试以上的考试，均实行弥封、誊录制度，考生入场，有士兵监视，制订有严格的门禁制度。《科场条例》规定："内阁刊刻题纸，例由臣部奏派护军统领一员，带领护军校等严密稽查……士子殿试，如有撰拟策冒，前期分送请托，一经查出严参治罪。"从乾隆二十五年（公元1760年）开始，规定阅卷大臣必须于文华殿阅卷，在文华殿两廊和传心殿的前后房间歇宿，并令管理监察的王公大臣、科道官与阅卷官一起居住。卷子看完后，才离开文华殿大门，由护军统领管理试卷。如果舞弊被揭露，则重重惩处。对于士子采用搜检之法，定制极严。顺治时规定：士子进考场，需穿拆缝衣服和单层鞋袜。雍正、乾隆时重申禁条，不准携带木柜木盆、双层板凳、厚褥装棉、卷袋装里，还宣布砚台不许过厚，毡毯必须无里，皮衣必须无面，笔管镂空、水注用瓷、蜡台单盘空心通底，糕饼饽饽，各要切开。考生所携带的竹、柳考篮，应编成格眼，面底花案一致。在贡院设下两道门搜检，差役排成两行，考生开襟解袜亮鞋，衣服器具一一细查，倘若第二道门搜出夹带之物，头门差役则照舞弊惩处。搜查之后，各自按卷号进入号座，不得停留，进屋关门上锁，不得私自开锁出入以及传递什物。此外，还特下悬赏令，搜得作弊者一人，给银三两。因而不少衙役搜寻私人纸片，因以取利。对于怀夹舞弊者，"先于场前枷号一个月，问罪发落"。对于如此严苛的搜查之法，当时就有很多人反对，乾隆九年（公元1744年）吴炜（wěi 伟）说："科场搜检，凡情真罪当者，固不足惜，但以一二十人之不肖，累及千万人，露体亵慢，恐非所以培士气而鼓善类。"

清嘉庆时有一位文人沈廷桂，仿《阿房宫赋》作了一篇骈文，形容了当时搜检之严和士人的心态：

八股立，三场设，秀才集，贡院塞。覆压九千余号，不见天日。行台北构而西折，直登文场。一位主司，各谨关防。头炮警众，二炮开阁，听点传呼，争先捷足。各抱考具，铺阵紧缚。挨挨焉，挤挤焉，凳脚篮头，猝不知为何人跌落。

清缪艮编《文章游戏》，其第二编卷三有一首《浙江乡闱诗》刻于嘉庆二十一年（公元 1816 年），也很有意思。原诗很长，只摘几段：

闱房磨人不自由，英雄何向彀中求。
一名科举三分幸，九日场期万种愁。
负凳提篮浑似丐，过堂唱号真如囚。
袜穿帽破全身旧，襟解怀开遍体搜。
未遇难题先忐忑，频呼掌管敢迟留。
监军问姓亲标写，同号通名暂应酬。
……

尘封急欲寻笤帚，瓦漏还须盖网油。
敲紧竹钉排雁翅，浓熏艾把避蜒蚰。
粉墙靠背衣裳白，脚板悬空露水稠。
梦扰不宁听鼻息，夜深假寐数更筹。
若逢久雨泥相伴，偶遇狂风烛易流。
时暖那堪添黦闷，阴寒何处觅衾裯。
传题静候鸡三唱，待旦还看月一钩。

瓦罐互争声扰扰，汤烟初沸响飔飔。

煤锅煮粥乌云集，咸水煎茶绿晕浮。

毛竹削成双筷子，饭团结住燥咽喉。

分来鬣肉全无味，做到文章便有忧。

……

官生仆从凶如虎，教职衣冠老似牛。

东首接来皆坐轿，西边归去惯乘舟。

经文施舍堆常满，笔墨携回送不休。

面目顿怜消瘦也，胸襟从此展舒丕。

这首描写从举子"过堂"进考场到走出考场全部过程的长诗，具体叙述了应试举子的受辱忍气、堂屋院场的破漏积尘、天气环境的恶劣艰苦、彻夜笔答的紧张疲劳、做饭食用的艰辛难堪、考官大人的老朽凶狠，生动真实地反映了清代科举考试对举子身心的折磨摧残，表达了对举子们的深切同情，流露了对科举考试制度的不满。

清嘉庆（公元1796—1820年）佚名士子于嘉庆甲戌写成《都门竹枝词》80首，从八个方面记述了京城的历史风貌、人情风俗，其中描写举子穷愁潦倒的组诗《考试》很值得一读：

盘费全无怎去家？穷愁潦倒驻京华。

逢人便说留心馆，房饭钱多不肯赊。

派得馆童使唤难，由来欺负是寒酸。
两餐打发全无事，那管先生渴口干。

日来愁绪满怀萦，偶尔闲游一出城。
回去稍迟饭已过，枯肠直饿到天明。

寒宵聊伴短檠愁，直待更深始倦眸。
才起更时灯已灭，明朝自己要添油。

出闱自命蹑云梯，看相求签日夜迷。
直到满街人乱报，犹然占课问高低。

这一组《考试》诗，着力描写了清代在京应试举子的生活和心态，他们对自己的命运无法把握，不得不日夜迷恋于"看相求签"或"占课"问卜，询问吉凶祸福。

尽管科举考试中的防弊措施甚严，但是科举考试中的贪污受贿、弄虚作假的现象仍然十分普遍，诸如贿买、钻营、夹带、枪替、割卷、传递、顶名、冒籍等各种名堂，屡见不鲜。譬如明

夹带衫　科举考试作弊的实物，衫上抄满经文。

夹带衫

万历四十四年（公元 1616 年）会试空缺第一名，是因为考中会元的沈同和在考试中，有的文章是通过夹带抄袭别人的，有的是由邻号赵鸣阳捉刀代笔的。事情败露后，沈同和、赵鸣阳都远谪戍边。据周玄暐（wěi 伟）《泾林续纪》载，考生舞弊手段越来越巧妙，有的是事先请善于写字的人把"四书""五经"用蝇头小字抄写在金箔纸上，每页一编，工价三分。经书有千篇，厚度还不到一寸。然后可把这些薄纸片藏在毛笔管中，或藏在厚砚台底部，或藏在草鞋底间。另有人用药汁做墨，把经书抄写在青布裤上，毫无形迹。进入考场之后，用泥土涂抹，随即把泥土拂去，字就显现出来了。这种衣裤，每件价银百两。还有人贿赂考官，把事先拟好的文章埋藏在考场内，待进入考场后再取出来作为答卷。所谓割卷，是贿赂考官利用批阅试卷的机会调换试卷。如万历年间福建考生马某的考卷被人调换，马某落第自杀，却有人用被调换的马某考卷考上了第四名。还有人贿赂誊录官与分卷官，受贿者在分卷与誊录时做手脚，把探听到的佳卷秘藏起来，投送到行贿者的名下，换卷誊录，或毁弃其试卷，把佳卷当行贿者的试卷。据沈德符《敝帚轩剩语》载，主考官阅卷疏忽，往往也造成许多荒唐事，如有的考生抄袭坊刻旧文，不改一字，居然没有被发现。所以顾炎武批评说，阅卷只重头场的"八股文"，其实恐连八股文也不细看，只看破题与承题几句，试卷中的谬误错漏之处，在所难免。明英宗天顺初年的会试，主考官薛瑄、钱溥、吴节、孙贤等人都是由内阁大学士许道中等权贵荐引的。这些考官知恩报恩，发榜时，许道中之子、总兵石亨之侄，皆以私取。而这次会试试题就有错误，如《论语》题，漏掉"颜渊问为仁"的句子。这些权贵子弟的考卷更是错误百出，如回答《孟子》题，把公都子的话说成是告子的。事情传出，舆论哗然，于是有人编一首讽刺诗：

圣主开科取俊良，主司迷谬更荒唐。

薛瑄性理难包括，钱溥春秋没主张。

吴节只知贪贿赂，孙贤全不晓文章。

问仁既是无颜子，配祭如何有太王？

告子冒名当问罪，周公系井亦非常。

阁老贤郎真慷慨，总兵令侄独轩昂。

榜上有名谁不羡，至公堂作至私堂。

这首讽刺诗，把当时考场的黑幕揭露得淋漓尽致，权贵们当然不肯罢休，指挥特务们追查诗的作者，由于广大群众与中下层知识分子的保护，追查没有结果。

明代状元，有的因为相貌丑陋而被抑置后等的。如明惠帝建文二年（公元1400年）的殿试，原定王艮为状元，后因其貌不扬而降为第二名，让胡靖当上了状元。明英宗正统四年（公元1439年）殿试原定张和为状元，英宗派太监细察，发现他的眼睛有病，于是将张和降为二甲，让施槃（pán 盘）当了状元。还有因为名字不为皇帝喜爱而被降置后等的。如明成祖永乐二十二年（公元1424年）殿试原定孙日恭为状元，但皇上说"日恭"合起来是"暴"字，于是降他为探花。同时皇帝发现考生"邢宽"名字好，表示刑法尚宽，喻意仁政，而与"暴"政相反，遂决定邢宽为状元。明世宗嘉靖二十三年（公元 1544 年）殿试原定吴情为状元，但皇帝认为此人"无情"，怎能当状元？遂降为第三。正当圈名次之时，忽然高悬的殿幡被风刮起，结成一个"雷"字形状，考官们受到启示，赶忙在名单中找出一个叫"秦鸣雷"的，于是秦鸣雷当上了状元。明英宗天顺四年（公元 1460 年）殿试，初定祁顺为状元，但有的考官认为祁顺的名字与皇帝英宗朱祁镇的名字音调接近，传胪唱名时多有不便，遂换王一夔为状元。清朝也有这样的事。光绪二十九年（公元 1903 年）癸卯科殿试，正值光绪皇帝三旬寿辰，当考官们在确定殿试名次时，忽从名单中发现了"王寿彭"三个字，觉得"寿比老彭"意思深远（老彭是古代传说中高寿的人），决定录取王寿彭为本科状元，表示给皇上祝寿，祥瑞吉利。光绪三十年（公元 1904 年）甲辰科，读卷大臣原拟朱汝珍列第一名。据传，怕慈禧太后不悦，因光绪帝宠妃珍妃向为慈禧所恨，且已被置死，朱汝珍的"珍"字却与之相合。是年又值久旱不雨，见到刘春霖的名字，以为吉祥，遂定为一甲一名。刘春霖成为"第一人中最后人"。王寿彭、刘春霖二人夺大魁事，传说纷纭，信史阙如，有待进一步考证。

明清时期科场丑闻不断发生。如乾隆三十四年（公元 1769 年）己丑科殿试后朝考，阅卷大臣与考生串通，在应试文章内暗示姓氏，以通关节。是科阅卷大臣以拟取各卷进呈，所拟第一名严本的卷中有"人心本浑然也，而要必严办于动静之殊"句，暗通考生姓名。所拟第二名卷中，用"维皇降衷"暗告考生王世维之名。拟取为第三名的鲍之钟，其文内有"包含上下"句，包为鲍之半，且谐音以通姓氏。拟取为第五名的程沇，其文有"成之者性也"，"成"与"程"谐音，以示其姓。乾隆皇帝拆封审阅试卷时，发现了其中的破绽，认为这决非偶然巧合，遂命军机大臣同原阅卷官复核，将作弊者置榜末，并将阅卷大臣交部议处。

又如咸丰年间科场有所谓"递条子"以通关节之法，甚为猖獗，薛福成在《庸盦（ān 庵）笔记》中道出了条子的奥秘："条子者，截纸为条，订明诗文某处所用文字，以为记验。凡与考官、房官熟识者，皆可呈递，或辗转相托而递之。房、考官入场，凡意所欲取者，凭条索之，百不失一。盖自条子兴，而糊名、易书之法几穷矣。……咸丰之初年，条子之风盛行，大庭广众中不以为讳。敏给者常制胜，朴讷者常失利。往往有考官夙所相识，闱中不知而摈之，及出闱而咎其不递条子者。又有无耻之徒，加识三圈五圈于条上者，倘获中式，则三圈者馈三百金，五圈者馈五百金。考官之尤无行者，或歆（xīn 心）羡之。余不知此风始自何时，然以余所见，则世风之下，至斯极矣。"

科举考场似成为买卖市场，在《清稗类钞·考试类》中记有所谓"老童入场卖警句"的故事，说有一老童生每逢童试必入场，且自标于桌曰："出卖警句，每句钱七文，不二价。"每场带一蟋蟀盆入内，而日暮之时，盆中钱满，旋出考场。这种在考场公开作八股文句买卖的，竟然生意兴隆。

甚至有时皇帝也参与作弊。如乾隆二十六年（公元1761年）从西北凯旋回京的将军兆惠参加辛巳科殿试读卷。兆惠说自己不习汉文，不能胜任此职，乾隆皇帝竟给他出主意："诸臣各有圈、点为记，但圈多者即佳。"示意兆惠依照其他阅卷官于试卷上圈、点多寡，照葫芦画瓢。但待拆封试卷后，第一名为江南阳湖（今江苏常州）人赵翼，第二名为浙江仁和（今杭州）人胡高望，第三名为陕西韩城人王杰。乾隆帝召读卷大臣问："本朝陕西曾有状元否？"对曰："未有。"为表示对西北地区的重视，乾隆帝将一、三名对换，陕西王杰遂成了状元，赵翼则屈居第三。科举考试"一切以程文为去留"的录取原则已失去其意义。

清同治十三年（公元 1874 年）甲戌科状元陆润庠有一个好友，为湖南人士李幼梅，博学多才却科场不顺。闲谈中，陆润庠见李幼梅在吸水烟袋，遂许愿说，若日后他任主考官，令李于诗中以"水烟袋"三字作暗记。果然陆后任湖南乡试副考官，即写一信给李，提示李不要忘记"水烟袋"三字。此事被李的岳母得知，岳母私将此事告诉其他二婿。闱中试卷散见"水烟袋"之暗迹的有三份，考官反取了其中前面所阅二份，后一份则置于副榜之中。待发榜时才发现所取中的为李氏岳母的另二位女婿，而李幼梅却落于副榜之中。此科考试试帖诗要求押"出"韵，其中一份卷子有这样的诗："烟水潇湘地，人才夹袋储"，可谓滴水不漏。

《儒林外史》《聊斋志异》对于封建社会末期科举考试制度的弊端作了生动的描述。蒲松龄（公元 1640—1715 年）写了一首"俚曲"——《禳（ráng 瓢）妒咒》对科举考试制度的腐败作了深刻的揭露。

学棚里原是傀儡也么场，撮猴子（操纵木偶）全然在
后堂。最可伤，瞎子也钻研着看文章。雇着名下士，眼明

又心强，本宗师也做的有名望。若遇着那混帐行，肉吃着腥气屎吃着香。我的天！丧良心，真把良心丧！

宗师的主意甚精也么明，只要实压着戥（děng 等）上星。求人情，好歹将来未可凭。不如包打上二百好冰凌（指白银），上公堂照他皮脸扔。要进童生是童生，要进几名是几名。我的天！灵应真，可有真灵应！

状元梦

科举考试制度已到了这种地步！充满了腐败、黑暗和铜臭气味，反映了封建社会已经走向没落。

明清时期的科举考试制度对学校教育、社会教育乃至家庭教育都带来了深刻的影响。整个社会弥漫着一种劝勉勤学以求功名富贵的思想，导发出一种强力磁场，吸引着社会的各个角落和各个家庭。一些广为流传的诗文，刊刻在童蒙读物上，熏陶着一代又一代的少年儿童。现杂录若干首：

天子重英豪，文章教尔曹。

万般皆下品，唯有读书高。

少小须勤学，文章可立身。

满朝朱紫贵，尽是读书人。

朝为田舍郎，暮登天子堂。

将相本无种，男儿当自强。

白马紫金鞍，骑出万人看。

借问谁家子，读书人做官。

学乃身之宝，儒为席上珍。

君看为宰相，必用读书人。

一举登科日，双亲未老时。

锦衣归故里，端的是男儿。

上录诗句虽不一定是明清时代产生的，但在明清时代却颇为流行，深入到千家万户，即使是不识字的妇人孺子，亦莫不知晓。

明清时期民间还有"一寸光阴一寸金"之谚，这也与科举考试带来的劝勉勤学的社会风气影响有关。清人王有光在《吴下谚联》卷二中对这句流传广泛的醒世格言作了评述："一寸光阴一寸金，此为读书者发。自七八岁至二十岁，所读得之书，至老犹能记诵，此际光阴是赤金。二十后至三十，心思增长，易于会悟，然较前易忘，此是黄金。三十至四十，正运兑使用时候，乃白金也，犹是足色纹银。四十后是圆丝，记诵会悟俱不及前，而设使作用，立功成德，正在此时。五十岁后，便成夹三。过此以往，是铜是铁，是锡是铅，五金皆金，而用不同矣。

若少时记诵不懈，至此会悟仍灵，以后运用，价值尤贵，即白金，亦是黄赤，皆因炼久丹成，汞源不涸也。古人耄（mào 贸）而好学，能使铅锡化为金银。倘青年怠惰，已将金银作铜铁用矣。三四十后，即瓦砾耳，并不及铅锡。"为求科名，挑灯夜读者遍及千家万巷，如诗人晁冲之云："老去功名意转疏，独骑瘦马取长途。孤村到晓犹灯火，知有人家夜读书。"这些是古人求学读书实践经验的总结，对我们今天仍有教育意义。

4．中国古代考试制度的终结

中国很早就有远古社会考试制度的传说，西周时代就有考试制度的萌芽。两汉时期正式确立了太学的考试制度和察举制度，这对两汉政治、经济、文化、教育事业的发展起了积极作用，有利于人才的培养与选拔，也为古代的考试制度积累了丰富的经验。但是汉代的察举制度，权力多操纵于诸侯王、公卿及地方官吏之手，为地方官和世家豪族所垄断，层层推荐往往只凭声名而不重才行，终于形成"以族为德，以位为贤"的局面，难以察举出真正的人才。魏晋南北朝时代，由于长期分裂动乱，学校教育中的考试制度和社会选士中的察举制度都不大健全，为适应门阀士族集团的要求，创立了九品中正官人法，中正官都由著姓士族担任，门阀士族集团控制了选士大权，所以九品中正制只能"计资定品"，按门第高低来选拔人才，必然会出现"上品无寒门，下品无世族""贵胄蹑高位，英俊沉下僚"的现象，即使举行考试，也多"雇人答策"，考试制度难以全面实行。隋唐时期创立了分科考试的取人选人制度，在历史上曾经起过进步作用。但是封建统治者采用这种考试制度，是从维护自己的统治出发的。所以科举考试制度从一开始就既有积极因素又有消极因素。科举考试制度比较好地解决了加强中央集权和调动地方及个人积极性的关系，但助长了"万般皆下品，唯有读书高"的社会风气和侥幸心理，以致产生钻营舞弊的恶习，而且这种恶习连绵不断，愈演愈烈。科举考试制度将读书、应试、做官联系起来，使培养人才和选拔任用人才结合起来，但导致了科举考试控制教育，使学校变成了科举考试制度的附庸和预备场所。科举考试制度克服了单纯以道德品行和家世门第录取人才的偏向，但未能真正实现以知识能力录取人才，反而走向了死读书、背教条、务抄袭的死胡同。科举考试制度建立了一套统一的内容、标准、程序、步骤，有利于评分的标准化和客观化，但又助长了形式主义、教条主义和烦琐哲学的流行。科举考试制度激发了千百年来一代一代知识分子的求知欲望，以致出现"五尺童子耻于不闻文墨"的风气，但知识分子为了追求科举功名，只是死记硬背"四书""五经"，揣摩八股文章，看不起自然科学方面的知识，以致阻碍了自然科学的发展。明代著名科学家宋应星在所撰《天工开物》序中说："盖

《天工开物》书影

大业文人弃掷案头，此书于功名进取毫不相关也！"明代著名医药学家李时珍在三次乡试举人都落第后弃举业投医药学，花费了近 30 年心血，撰成《本草纲目》，比西方"分类学"之父林奈的《自然系统》早 200 余年，内容更为翔实，书成后却遭冷落，他的儿子后来把这本巨著献给朝廷时，明神宗批示："书留览，礼部知道。"遂束之高阁。当时钻研自然科学，在社会上便没有出路，不仅要丧失功名利禄，甚至要遭到打击迫害。法国著名作家雨果在《笑面人》中说："像印刷、火炮、气球和麻醉药这些发明，中国人都比我们早。可是有一个区别，在欧洲，有一种发明，马上就生气勃勃地发展成为一种奇妙的东西，而在中国却依旧停滞在胚胎状态，无声无嗅。中国真是一个保存胎儿的酒精瓶。"活字印刷虽发明于北宋，却没得到推广，若不是沈括在《梦溪笔谈》中对发明者毕昇的这一伟大成就加以记载，中国人自己都难以相信中国人会有这样惊人的创造。美国学者戴维·博达尼斯在《为什么现代科学在中国不曾发展起来》一文中说："当欧洲还笼罩在黑暗年代的阴霾之中，中国的官员就已经精神抖擞，乘着装有指南针的轻便马车，到各地去参观装置着固体燃料的探空火箭的一些天文研究中心。一千年之后，欧洲科学家在发动工业革命时，中国官僚却还在迈着固定的方步。相形之下，他们已经不那么精力充沛了。"

李约瑟在《中国科学技术史》序言中说："欧洲在 16 世纪以后，就诞生出现代科学，这种科学已被证明是形成近代世界秩序的基本因素之一，而在中国文明却没有能够在亚洲产生出与此相似的现代科学，其阻碍因素又是什么？"这种原因当然要归结于中国小农业与家庭手工业相结合的自然经济难以打破；归结于建立在这种经济结构之上的封建专制政治强固有力，封建典章制度完备严密；此外，与社会经济生活相隔离、对科学技术采取粗暴贬斥态度的古代科举考试制度长期实行，恐怕也是一个原因。

鸦片战争以后，一些具有先进思想的知识分子，从中国缺乏经世致用人才、处处落后挨打的教训中，看出了以科举考试制度选拔人才的弊病，于是在提倡开办新式学堂的同时，提出了废除科举考试制度的主张。清末从改革科举考试内容到废除科举考试制度，大体经历了三个阶段。

第一阶段：改革科举考试内容。清代科举考试只重楷法试帖，题目出自"四书"、"五经"，而解释又必尊朱熹集注，甚至断剪经文，专考孤章绝句、疑似参互之处。例如《中庸》中有"及其广大，草木生之"一句，出题者上去"及其广"三字、下去"木生之"三字，仅以"大草"二字为题，使考生莫名其妙，难以回答。科举考试坚持以诗书取人，一旦录取之后，这些只会咬文嚼字、之乎者也的举人进士们，对于理财、典狱、治水、防灾，束手无策，自难胜任，只会"无事袖手谈心性，临危一死报君王"。这种考试内容，不断遭到开明知识分子的批评。鸦片战争以后，建议改革的意见很多。光绪元年（公元 1875 年）礼部听取了一些人的意见后奏请"特开算学一科"。光绪十年（公元 1884 年）有人奏请"开设艺学科"。光绪二十三年（公元 1897 年）贵州学政严修（公元 1860—1929 年）请开"经济特科"，其中包括考试政治、外交、算学、法律、机器制造、工程设计等专门知识，不过八股文、诗赋仍然考试。甲午战争以后，资产阶级改良派对科举考试制度进行了猛烈批判，批判的集中点是用八股文取士。康有为（公元1858—1927年）指出，八股无用，改科举莫急于废八股。他要求"应请定例，并罢试帖，严戒考官，勿尚楷法"。康有为等人的《公车上书》，则强烈要求"停止八股试帖，推行经济六科"。这是康有为第一次向光绪皇帝提出废八

康有为

股的请求。建议改变专考弓刀步石的武科为艺科，令各省州县遍开艺学书院；凡天文、地矿、医律、声光、化电等分立学堂，选学童15岁以上入堂学习，然后改变考试方法，如此则天下之士，才智大开。康有为在1898年4月10日的奏折与代杨深秀草拟的厘定文体折均极力主张尽快废除八股，因为八股流传数百年，文题皆有蓝本，"务为割截枯困之题，侮圣言以难士人。士人以急于科第，亦争勾心斗角，便词巧说以应之"。于是数百万生童"穷志尽气，白首黄馘（guó国），日夜孜孜，仍从事于割截枯窘之八股，其为弃才莫甚焉"。6月16日康有为又利用召见的机会，面陈八股之害："今日之患，在吾民智不开，故虽多而不可用，而民智不开之故，皆以八股试士为之。学八股者，不读秦汉以后之书，更不考地球各国之事，然可以通籍累致大

官。今群臣济济，然无以任事变者，皆由八股致大位之故。故台辽之割，不割于朝廷，而割于八股；二万万之款，不赔于朝廷，而赔于八股；胶州、旅大、威海、广州湾之割，不割于朝廷，而割于八股。"梁启超（公元 1873—1929 年）也说："八股取士，

梁启超

为中国锢蔽文明之一大根源，行之千年，使学者坠聪塞明，不识古今，不知五洲，其弊皆由于此。"戊戌变法时采纳了这些意见，光绪皇帝曾下诏废除八股取士制度，规定凡乡、会试及童试一律改试策论。戊戌变法后，八股取士一度复活。1901 年清朝廷第二次明令废除八股取士，改试策论。

第二阶段：递减科举取士名额。改革科举考试制度，是清末"新政"在教育方面的重要改革措施。一些朝廷重臣和封疆大吏为表达他们对"新政"教育改革的拥护和支持，不满足于废止八股、改试策论，而纷纷奏请递减科举考试取士名额。光绪二十七年（公元 1901 年）张之洞、刘坤一提出递减取士名额、以学堂生员补充的建议。光绪二十九年（公元 1903 年）张百熙等人也建议"从下届丙午科起，每科递减中额三分之一，暂行试办"，并且预计"俟末一次学额减尽，即行停止学政岁科试"。

第三阶段：废止科举考试制度。科举考试制度虽几经改革，

但仍与学堂并存。科考出身对考生仍有诱惑力，影响学生们进入新式学堂学习。有鉴于此，直隶总督袁世凯、盛京将军赵尔巽（xùn逊）、湖广总督张之洞、两江总督周馥、两广总督岑春煊、

张之洞

湖南巡抚端方等奏请停止科举、兴办学堂。他们从世界上文明之邦那里看到：强盛之源，均为创办学校、培养人才，而中国则相形见绌。所以他们认为："科举不停，学校不广，士心既莫能坚定，民智复无由大开，求其进化日新也难矣。"因此他们要求："欲补救时艰，必自推广学校始。而欲推广学校，必自先停科举始。"清朝廷迫于形势，光绪三十一年（公元1905年）决定："所有乡、会试一律停止，各省岁科考试亦即停止。"自隋唐起，科举考试制度实行1300余年，至此完全停止，它标志着中国古代考试制度的终结。

一个新的教育时代正在来临。

后记

我们生活在一个需要感恩的时代。我衷心感谢中国孔子基金会的高层领导策划并组织编写《儒家文化大众读本》，感谢编委会提名、推荐并确定我为作者之一。当我草拟写作提纲及样稿之后，编委会及时认真审阅，提出修改意见，特别是彭彦华编委不厌其烦多次与我沟通、交换意见，不断帮助我提高书稿的质量与水平，我十分感谢。我尤其要感谢的是姜楠同志，她把我写的十多万字的手稿，一个字一个字地打印出来，对她艰辛的劳动我深表敬意和谢意。山东教育出版社历届领导都对我十分关怀，这次又派出祝丽责编帮助我把书稿向"齐、清、定"的方向努力，我要感谢她，要谢谢山东教育出版社。还要提及的是一贯热心助人的罗容海，他正在北京师大教育学部攻读博士学位，百忙之中不仅帮我校对了全书，还修订了大小标题，完善了全书的插图，对他的真心帮助真是感激不尽。最近几年我生活在北京师范大学珠海分校法律与行政学院温暖的大家庭里，学院的各位领导及全体教师给我无微不至的关怀爱护，特别是院办公室的沈淑珍、万卉、闫为国、刘仲平、刘英慧等年轻人帮助我继续发挥"余热"，包括帮我完成本书的写作。总之，"感恩""感激""感谢"之情充实了我晚年的生活。谢谢大家！感恩一切！

2010 年 12 月 4 日于北京师范大学珠海分校法律与行政学院

新版后记

本书（初版）是 2010 年写成的，离现在快 10 年了，期间中国发生了深刻的变化，那就是习近平总书记主持中央工作，从十八大到十九大，逐步形成了"习近平新时代中国特色社会主义思想"，现在全国人民在以习近平总书记为核心的党中央坚强领导下，坚持"四个意识"，增强"四个自信"，做到"两个维护"，为实现"中国梦"、实现中华民族的伟大复兴努力奋斗。2019 年 3 月接到《儒家文化大众读本》主编梁国典教授和山东教育出版社领导的通知，告知我们要在"习近平新时代中国特色社会主义思想"指导下，进一步修订或完善初版有关内容，希望修订再版，以保证图书质量，获得更好的社会效益。我们尊重指示，认真审定，潜心修改，以求提高质量，完善有关内容。我还特请北师大继续教育学院罗容海副教授，以及我在北师大珠海分校教过的学生曾榕清、李艳等（他们现在在攻读硕士学位）协助我审查修改，衷心感谢他们的辛劳。也感谢出版社各位领导和责任编辑舒心的付出，更感谢各位读者的阅读。尽管如此，错误和缺失难免，敬请大家不吝赐教。谢谢！

2019 年 4 月 20 日于北京回龙观寓所

图书在版编目(CIP)数据

文明薪火赖传承：儒家文化与中国古代教育／郭齐家著．—济南：山东教育出版社，2020.5
（儒家文化大众读本／梁国典主编）
ISBN 978-7-5701-0729-2

Ⅰ．①文… Ⅱ．①郭… Ⅲ．①儒家教育思想－研究－中国－古代 Ⅳ．① B40-092

中国版本图书馆 CIP 数据核字（2019）第 171351 号

RUJIA WENHUA DAZHONG DUBEN
WENMING XINHUO LAI CHUANCHENG——RUJIA WENHUA YU ZHONGGUO GUDAI JIAOYU

儒家文化大众读本
文明薪火赖传承——儒家文化与中国古代教育　　郭齐家／著

主管单位：山东出版传媒股份有限公司
出版发行：山东教育出版社
　　　　　地址：济南市纬一路 321 号　　邮编：250001
　　　　　电话：(0531) 82092660　　　网址：www.sjs.com.cn
印　　刷：山东临沂新华印刷物流集团有限责任公司
版　　次：2020 年 5 月第 1 版
印　　次：2020 年 5 月第 1 次印刷
开　　本：720 mm×1020 mm　　1/16
印　　张：18.75
字　　数：193 千
定　　价：83.00 元

（如印装质量有问题，请与印刷厂联系调换）　　印厂电话：0539-2925659